宝妈副业变现

育儿赚钱两不误

赵曌 · 著

電子工業出版社·
Publishing House of Electronics Industry
北京 · BEIJING

图书在版编目（CIP）数据

宝妈副业变现：育儿赚钱两不误 / 赵翾著. —北京：电子工业出版社，2023.2

ISBN 978-7-121-44844-7

Ⅰ.①宝… Ⅱ.①赵… Ⅲ.①女性－创业－通俗读物 Ⅳ.①F241.4-49

中国国家版本馆 CIP 数据核字（2023）第 014857 号

责任编辑：周　林　　　　　　特约编辑：田学清
印　　刷：三河市鑫金马印装有限公司
装　　订：三河市鑫金马印装有限公司
出版发行：电子工业出版社
　　　　　北京市海淀区万寿路 173 信箱　　　　邮编：100036
开　　本：720×1000　　1/16　　印张：15.75　　字数：212 千字
版　　次：2023 年 2 月第 1 版
印　　次：2023 年 2 月第 1 次印刷
定　　价：65.00 元

凡所购买电子工业出版社图书有缺损问题，请向购买书店调换。若书店售缺，请与本社发行部联系，联系及邮购电话：(010)88254888，88258888。

质量投诉请发邮件至 zlts@phei.com.cn，盗版侵权举报请发邮件至 dbqq@phei.com.cn。

本书咨询联系方式：zhoulin@phei.com.cn，QQ 25305573。

推荐序 ▶

我与赵壆老师的结识源自视频号。一天早上，我的学员群里有人兴奋地说："有个直播间获得视频号推荐，人数过万了！"我好奇地点了进去，一位温和知性的女士正在直播讲书，举手投足间颇有大学青年教师的风范。她就是赵壆。

在后来的接触中我才知道，这位温和的女士背后的经历如此彪悍。她在美国东北大学留学，即将成为精算师，面对突然到来的宝宝，她却毅然选择做全职妈妈。4年间，除了陪伴孩子，她还参加民乐团、组织举办线下亲子活动、运营公众号，她在新的领域不断尝试，且做得如鱼得水、有声有色。

孩子稍大一点儿，她又投身教育领域，成为一名出色的运营负责人。一个月的时间内，92个城市，1000多场线下活动——这样高强度的复杂工作她一肩挑，想到这里我内心对这位开朗、能干的独立新女性充满敬意。

这本书讨论的是妈妈如何做副业。老实说，我是近两三年才深度接触"副业妈妈"这个群体的。从参加工作开始，我一直从事管理咨询行业，接触的都是企业。两年前，我成了图书新零售平台——书里有品的合伙人，主管培训和运营增长，从那时起才真正了解"副业妈妈"有多大的能量。

你能够想象吗？一位白天要上班、晚上要陪孩子阅读的妈妈，还有时间给几万人的团队布置任务，组织活动，一对一恳谈。一位主业工资只有几千元的三线城市小职员，其副业收入可能是主业收入的十几倍。

如果说前几年大家对于做副业还有些偏见，那么我现在可以很诚恳地和大家说，经过两年的深度接触和实践，我意识到——女性做副业这件事情本身是一种社会进步。

很多新兴社会分工的出现，一开始都不被看好，比如带货主播。在主流社会语境中，做副业似乎等于主业发展无望。男性一般害怕被贴上这个标签。以我工作的书里有品平台为例，业务覆盖了 80 万名意见领袖，其中男性的比例不到 1%。

这看似不平等，却恰恰给了女性巨大的机遇。要知道未来的工作形态可能发生翻天覆地的变化。随着人工智能和区块链技术的发展，公司的边界越来越模糊，个人不再被禁锢在格子间里，超级个体与超级组织的形态即将来临。

公司提供商业基础设施，如供应链、结算系统、协作机制；个人充分发挥创造力，通过影响、组织、共创缔造一个又一个的商业奇迹。有的人可能一年做副业收入上千万元，有的人能同时担任三家平台的最高等级合作伙伴，也有人成了全网知名的意见领袖。

以我熟悉的书里有品平台为例，30～40 名员工就可以服务 80 万名"副业妈妈"，而这 80 万名"副业妈妈"，一年能帮 300 多家童书出版社卖出过亿码洋的图书。

未来，副业很可能会以更时髦的新面孔出现，比如"社会化协作"。你还记得现在火得一塌糊涂的"私域流量"吗，在 5 年之前它似乎被称为"社群运营"或"微商"。

所以做副业其实是提前学习新时代的商业模式，这一次女性又走在了男性的前面。如果我们还是简单地从挣钱的角度来谈如何发微信朋友圈、如何运营社群，可能并没有真正感知到这股时代洪流的潜力。

那怎样做副业才能获得时代的红利呢？我认为需要准备好以下三件"神器"。

1．产品

尤其是内容产品，比如课程。一本好书能让你获得一批优质用户，一门自己研发的课程也能让成千上万名用户全面地了解你、信任你，希望靠近你。

2．自媒体

打造个人品牌离不开自媒体，引流获客、辐射影响力更加离不开自媒体。选好定位，持续创作优质内容，理解自媒体平台的算法规律，你再也不用担心没有新用户。

3．用户

拥有 10 万个无法"说话"的粉丝，不如拥有 1000 个持续交流的用户。学会和用户做朋友，平衡体验和效率，与用户交流就像和老朋友聊天一样亲切自然。

这是我从商业顾问和图书类妈妈副业平台负责人的角度给出的思考。让我惊喜的是，赵骎老师的这本书从妈妈的视角给出了心有灵犀的解读。无论是个人 IP 的打造还是用户社群的运营，大量一手的实践经验一定会让读者直呼过瘾。

期待这本书能让更多的"副业妈妈"受益。

陈　欢

资深商业顾问，书里有品首席增长官

《新零售进化论》作者

前　言 ▶

我是一个 7 岁孩子的妈妈。在孩子 0～4 岁时，我做了 4 年全职妈妈，其间有过迷茫和困惑，但我一直没有停止前进的脚步。在做全职妈妈期间，我做了一系列的创业尝试，如组织举办线下亲子活动、创建妈妈社群、创建微信公众号、拍摄和剪辑短视频等。而这些积累和磨炼，也为我日后的职业发展打下了坚实的基础。

在回归职场后，我持续深耕于教育行业。在工作中，我一直保持自己独有的创新想法，收获了很多宝贵的经验。

不管是在做全职妈妈期间还是在工作期间，我始终会抽出时间做自己喜欢的事情——坚持创业。我在中国、美国的 20 多个城市组织举办了 300 多场线下双语音乐亲子课活动；我在线上创建了 1000 多个妈妈社群，是一位妈妈团队长，拥有 5000 多名推广人和 2 万多名付费用户；在直播方面，我单场直播最多有 109 万人观看、211 万次点赞。

我对教育行业有自己的情怀和见解，深知家庭教育是一切教育的开端，并且是一切教育的基础。因此，妈妈参与教育产品和社群的商业运作是非常好的选择，这可以使我们获得内在知识，从而在日常生活中能更科学、合理地教育孩子，和孩子一起成长。

妈妈是非常有影响力的消费群体，也是非常有能动性的销售群体，当我们运营好妈妈群体之后，妈妈之间的口碑传播、深度互动，会让产品更具生命力、更有价值。在主动探索的过程中，我形成了一套自己的方法论，也持续给团队的各位妈妈赋能。

根据我多年的经验积累和对行业的深入观察，在本书中我将从 6 个方面讲述妈妈副业变现的知识：第一个方面主要介绍妈妈如何使用内在财富；第二个方面主要介绍如何打造个人 IP；第三个方面主要介绍活动运营；第四个方面主要介绍用户与社群运营；第五个方面主要介绍社群出单；第六个方面主要介绍团队运营与协作。最后，我会通过访谈的形式，给大家分享优秀业内人士的经验。

结合我在书中对 6 个方面的内容叙述和一些有代表性的案例介绍，希望妈妈们能明确自身的优势和家庭教育的重要性，通过打造个人 IP 创造更多的价值，在社群中发挥影响力，还可以通过社群运营来刺激销售，从而实现更高效的副业变现。

这可能不是一本非常完美的、能让你通透地理解私域运营的图书，但它是妈妈从销售"小白"成长为副业"达人"的行动指南。祝福每位读到本书的妈妈，希望你们可以在做妈妈的同时，找到自我、找到自己热爱的事业、找到内心的从容，让自己闪闪发光，拥有向上的力量、可观的收益和美好的生活。从而无论是在生活中还是在工作中，都能为孩子树立榜样，并成为孩子的精神力量。

感谢我的爸爸赵建林、妈妈薛跃红、公公汤国均、婆婆黄月华、丈夫汤鑫尧、女儿汤思怡。感谢你们给予我的支持，做我坚强的后盾，让我能够自由地追求内心的方向。

同时，还要感谢在写作过程中为我提供思路和给予我支持的萝卜英、Annie 海蓝天、夏木、菲菲、曾绍杰、方燕、讲绘本的尘尘妈妈、心芽、张华、姚花花、君君、陈小树、刘峪佃、米唐、南书房和郑宛。

赵盟

2022 年 9 月 10 日

目　录 ▶

第 1 章

内在财富：育己、育儿和经营家庭

自我成长是副业变现的基础，持续不断地成长也是打造影响力的必备要素。自我、孩子和家庭之间，既要有明确的界限，也要有系统化思考带来的相互协作。本章主要从妈妈的自我成长、和孩子共同成长、打造家庭共同成长体 3 方面展开详述。

1.1 妈妈的自我成长

女性在成为妈妈以后，其时间、精力、身边的关系、生活环境都有了很大的变化。在本节中，我以妈妈的角色和自身已有的经验，从行动力、勇气、时间管理、目标的力量和复盘的力量几方面出发，给各位妈妈分享一下我成为妈妈后这些年的自我成长经历。

1.1.1 行动力：解决我们的不安

"纸上得来终觉浅，绝知此事要躬行。"行动力是无坚不摧的终极法宝。我们不能通过思考获得美好的生活，唯有行动才能解决我们的不安，让生活朝着目标的方向前进。

1. 不断尝试，才会成长

我做过很多次关于行动力的分享。"想，都是问题；做，才是答案。"

我希望能带动更多的人，积极、努力地实现自己的价值和目标，在尝试中不断调整和优化自身。

两年前，我在网易云音乐上评论了一条网易 CEO 丁磊@叶云川老师的动态，得到了丁磊的回复。其后，我和丁磊及叶云川老师见了面，我们一起深入地探讨了中文音乐启蒙方面的事情。在与叶老师见面期间，我聆听和感受了天籁般的音乐，他送给了我几十张精选光碟，让我带到美国，送给瑞鸣唱片的美国粉丝。他还签名并赠送给我一张《一路莲花》光碟。

我通过大胆的尝试，获得了与顶尖创作人及网易 CEO 交流的机会，从中受益良多。所以，各位妈妈也要不断尝试，即便是错误的尝试，也会使自己有所启发，从而获得成长并更好地前行。

2. 恰当衡量常量和变量，接纳和包容不确定性

那些你确定能做好的事情，就是常量；不确定能做好的事情，就是变量。把握好变量，适当地延后常量，这样可以最快地输出内容。例如，文章《每天 1 小时·变成更好的自己》中的海报（见图 1-1），我仅用 10 分钟就做出来了。因为我明白常量和变量，分清了主次矛盾，效率自然很高。

3. MVP 设计

做事的时候，尤其是在启动项目的时候，我们要有 MVP（Minimum Viable Product，最小可行性产品）的观念。你能想象出 Facebook、Airbnb、Amazon 最初的模样吗？

Facebook 创始人兼首席执行官马克·艾略特·扎克伯格（Mark Elliot Zuckerberg）曾说："Done is better than perfect."（比完美更重要的是完成。）Facebook 推出的 MVP，是通过学校或班级把学生联系在一起，让

他们把自己的想法发布到个人主页上，去验证是否可行。这样的方法已经存在于 Friends Reunited 和其他平台上，但 Facebook 的方法更简单。

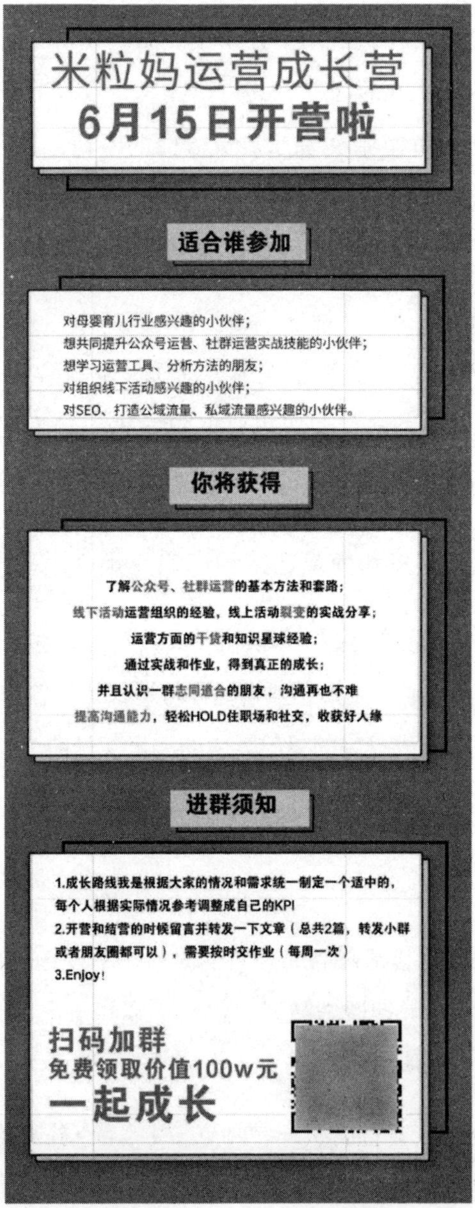

图 1-1 文章《每天 1 小时·变成更好的自己》中的海报

很多人只看到了 Airbnb 的成功，却不了解 Airbnb 成长初期的故事。布莱恩·切斯基（Brian Chesky）和乔·盖比亚（Joe Gebbia）租住在旧金山的一个阁楼公寓里，因为他们穷到付不起房租，所以他们尝试通过创业来赚钱。当时，来旧金山参加某大型设计会议的人很多，酒店爆满。布莱恩·切斯基和乔·盖比亚从中窥得商机——为参加这个大型设计会议的人提供住宿。他们设计了一个简单的网页，拍摄了一些阁楼公寓的照片，将照片上传到网页中，很快便吸引了 3 个付费客人来入住。随后，Airbnb 开始了最初的扩张。

Amazon 集团董事会主席兼 CEO 杰夫·贝索斯（Jeff Bezos）曾说："大多数决定都应该在掌握 70%左右的信息时做出。如果要等到掌握了 90%的信息再行动的话，基本上就已经晚了。"

Amazon 最初在网上销售图书，对大书商巴诺书店（Barnes & Nobles）发起挑战。1994 年，Amazon 专注于低价格的图书和简单的网页设计，这个看似很不起眼的 MVP，是亚马逊公司发展成为零售"巨鳄"的基础。

因此，提升行动力，要抓住这 3 个要点：大胆尝试、接纳和包容不确定性、提前设计 MVP。我们在思考的同时，大胆、主动地行动起来，在行动中不断优化精进，持续接近目标。

1.1.2　勇气：敢于尝试，敢于挑战

女性在做了妈妈之后，很容易被日常琐碎的事务缠身，所以在遇到机会或真正热爱的事情时，可能会影响到我们内在本能的敢想敢做的能量。本节和大家讨论"勇气"，让我们在前行的路上无所畏惧。

2021 年 5 月，我参加了虚舟老师组织的培根书院"阳明心学"线

下课——知行合一商业模式研讨会（见图1-2），收获很多，也深刻理解了霍金斯能量级表（见图1-3）。

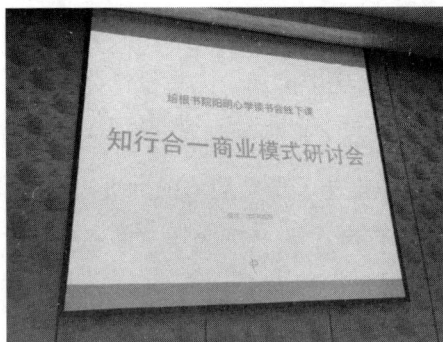

图1-2　知行合一商业模式研讨会

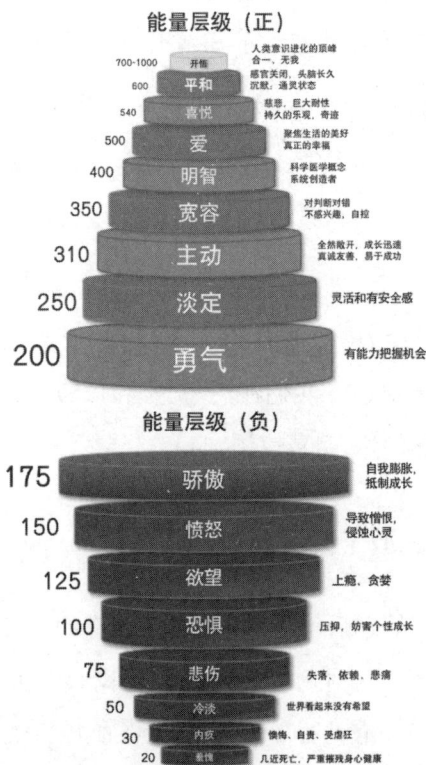

图1-3　霍金斯能量级表

我们从图 1-3 中可以看出，勇气处于霍金斯能量级表的正负能量交接处。从心理学的角度来说，勇气是个体意志过程中的果断性和具有积极主动性的心理特征相结合而产生的士气状态。当我们想去做的时候，就要不惧结果地去做。例如，我最初不擅长创作内容，但我有勇气去尝试，通过多次的写作练习和刻苦钻研，我逐渐掌握了写作技巧，写作水平也渐趋稳定；在做推广的时候，我敢于和更多的人接触，即便对方是"大咖"，我也有勇气向其请教，而不妄自菲薄。

我在做全职妈妈的 4 年时间里，组织举办过线下活动、创建过微信公众号和社群，最开始时没有专业的审美，文案也没有明显的品牌感。但是我有勇气实践，也尝试了很多方法，如让身边的朋友帮忙转发、在地铁站和陌生人聊天以获取粉丝等。我通过一步步地摸索，线下活动做得越来越好，还在各地创建了粉丝群。我在 2018 年注册了自己的公司，还机缘巧合地拿到了 500 万元的天使投资意向书。

我今天取得的成绩都归功于我的勇气，因此，我们不一定要等万事俱备时才开始行动。想清楚就去做，只要方向不偏离、风险可控，总会有收获。同时，我们对结果要有包容、乐观的心态，要坚信"完成＞完美"。

妈妈可以采取以下措施，培养自己的勇气。

第一，要督促自己制定目标，并敢于制定超越目前自我极限的目标。

第二，采取大量的行动。从不想做，到想办法做成，每一个小进步都值得被肯定。

第三，多给自己正面的暗示。例如，我在听到喜鹊"喳喳"叫时，会觉得今天的天气格外好、空气格外清新，而且我坚信今天一定会有好的事情发生。

第四，锻炼自己的胆量。妈妈可以做一些尝试，如公开演讲、主动和陌生人聊天等。从而让自己的观念从"我不行，我做不来"转变为"没问题，我可以的"。

第五，要利用自己的渴望。心之所向，行之所往。只要妈妈内心的渴望足够强大，自然就会有勇气。

勇气不是无所畏惧，而是心怀恐惧，仍然坚定向前。遇到喜欢的人和事不退缩，遇到困难也能直面挑战，敢于挑战权威和我们已有的标签。愿我们都有这样的勇气！

1.1.3　时间管理：从时间消耗者精进为高效管理者

一谈到时间管理，大家首先想到的是单位时间内的产出，还有高效、利用各种提升效率的工具，以及如何合理利用碎片化的时间。

但是，我想从万事万物平衡的角度来谈论时间管理，当我们在谈提高合理利用时间的效率时，我们首先应该明白利用时间的主体是人。每个人都是一个独立的个体，各种高效的理论或工具，也许有一定的普适性，但是不可能完全适用于每一个人。因此，我会以人的状态为出发点来谈论时间管理。

1. 健康的体魄是一切高效的基石

健康地活着才有无限的可能。很多青春赞歌鼓励大家要活得轰轰烈烈，为了所爱的事业甚至可以奋不顾身，因此很多年轻人在追求高效工作的同时，对于健康是完全忽视的。但是我们不仅要高效，而且要在健康的状态下高效。同样类别的两个平台，一定是存活时间长的那个平台更能得到信任，也将获得更大的利润。

身体是革命的本钱，是开展一切工作的基石。很多年轻时只图快意恩仇的人，一旦为人父母，就开始有了软肋，做事更加瞻前顾后了，这不是低效的表现，而是负责任的行为，更是我们所追求的健康、高效的开始。因此，无论我们做什么事情，都要在健康的状态下力求高效。在日常生活中，我们要多进行体育锻炼，强身健体、放松身心，以最好的状态进行高效的工作。

2. 劳逸结合，会休息的人更高效

劳逸结合，从本质上来说，是健康的保证。休息是为了放松，很多人首先想到的放松方式是玩游戏、刷短视频，虽然做这些事情也能得到一定程度的放松，但我并不推荐。因为一旦开始做这些事情，我们很容易上瘾，这需要我们有很强的自制力才能停下来，这样反而会消耗我们更多的能量，使我们更累，违背了放松的初衷。

我们可以通过以下几种方式达到劳逸结合的目的：保持一定的运动量，可以让我们的肌肉强健有力，我们就不那么容易感到疲倦；听音乐可以让大脑得到放松，思维更加清晰、敏捷；和好朋友聊天可以释放压力及积压的不良情绪。这些积极、良性的放松方式，可以给我们的身体和大脑带来持续的活力。

3. 保持积极的心态，获得更多的能量

果敢、自信、利他的心态，能够给予我们所向披靡的勇气与力量。

从表面上来看，果敢、自信、利他这些描述性格和心态方面的词语和高效没有什么关系，但是从高效的本质上来看，如果说健康是高效的基石，那么积极的心态则是高效的动力。

果敢即敢于尝试，敢于接受错误的结果，敢于接纳不完美但正在成长的自己。果敢使我们一旦做出决定就会勇往直前，不会畏首畏尾、瞻前顾后。

自信即相信自己积累的知识和经验可以帮助自己做出正确的决定，相信自己经过努力可以完成既定的目标。自信可以减少做事过程中过多的怀疑和迟疑。

利他可以具体划分为两类：每个项目想要让它具有商业价值，一定要给别人带来利益，这是目标利他；而做事过程中随时准备好给别人创造机会与便利，则是过程利他。"得道多助，失道寡助"，如果我们做事的目标和过程都是利他的，那么一路上也许可以遇到很多同频的人，收获意想不到的惊喜。

如果我们把时间都用在既定的方向和目标上，其实早和晚的差距并没有那么大，真正产生差距的是日复一日的坚持。而如果在这个过程中，我们的心思常常被其他东西所干扰，产生了内耗，那么当我们朝目标前进一步的时候，也会后退半步，或者我们看似在狂奔，实际上还是在原地踏步。保持积极的心态，正是在帮助我们远离内耗，使我们可以轻装上阵。

4. 亲近自然，被万物滋养

从进化的角度来讲，人类来自大自然，对大自然有天然的向往，只是我们常常困于纷繁的事务，而忽视了内心的这一渴望。对大自然的欣赏，如天空的广袤高远、大地的厚实包容、水的滋润清凉、火的热情能量、风的轻灵、树的生命力等，都可以让我们立即走出自我和所关心的事务，获得滋养。

当我们用果敢、自信、利他的心态排除了做一件事情大部分的干扰和内耗时，即使我们手头有好几个项目在同时进行，即使我们的心力消耗很大，亲近大自然也可以让心灵得到彻底的放松，这就是补充能量最好的方式之一。能量满格，我们又可以激情满满地"上战场"了。

5. 尊重规律，打造属于自己的高效方法

如果从道与术的层面来看，前面讲的都是"道"，是一些高效工作的基础，接下来我要讲"术"，即高效管理时间的方法。

要想打造属于自己的高效方法，我们先要厘清规律，看清高效方法的本质。在工作中，我们需要不停地做决策，大到决定是否启动一项投资，小到决定是否在 9:00 开始写一篇文案。万事开头难，决策力是高效工作最重要的能力之一。

如果我们习惯了慢决策，或者所有的事情都要听取很多人的建议后才能做决定，那么我们可能存在以下问题。

（1）做事拖延。

（2）完美主义。

（3）选择恐惧（分析瘫痪）。

（4）不自信。

（5）知识匮乏并无从下手学习。

这看似是决策速度的问题，但要根治犹豫不决的问题，需要从以上几个方面来提升自己，只有这样才能逐渐看到成效。

当我们提升了决策力之后，再结合一些时间管理的方法，一定可以在很大程度上提升我们的工作效率。时间管理的方法有以下 4 种。

（1）确立目标。做一个 10 年规划，明确自己最热爱的事情和想达到的目标。这样可以避免在行进的过程中被不必要的事情影响，在一定程度上能够提高决策效率。

（2）学会断舍离。舍弃无关紧要的事情对做好时间管理也很重要。在做好时间管理的探索期可以多尝试、多涉猎，深耕期要不断地做减法，找到适合自己的那个点，专注发力。

（3）找到心流。经常对自己进行压力训练和干扰力训练，让自己在任何环境中都可以无障碍地找到心流，全神贯注地完成任务。

（4）"30秒电梯法则"。"30秒电梯法则"的本质是用尽可能精简的语言表达自己的想法，在日常生活中，我们要多尝试用30秒的时间说清楚一件复杂的事情，锻炼自己提炼、归纳的能力。例如，我们在做决策的时候，可以设置一个定时器，先将时间定为5分钟，然后逐渐缩短时间，不断优化。

6. 结合自身，找到适合自己的高效方法

对于女性来说，成为妈妈之后其实会发生一个非常客观且明显的变化——时间不够用了。在有孩子之前，我们有空闲时间可以追剧、逛街、做一些美食，但当一个新的生命需要我们去照顾的时候，空闲时间对于妈妈来说就是奢侈品。

生完孩子之后，我做了4年的全职妈妈。在这4年中，我大部分的时间都是在带孩子，每天的时间基本被孩子和家务填满，很少有完整的、可以自己支配的时间。

当时，我的解决方案如下。

（1）和闺蜜一起带孩子，这样两个孩子可以一起玩耍，我和闺蜜其中一个人看着孩子就行，另一个人可以做一些其他的事情。

（2）尽量带孩子去诸如图书馆这种可以各自看书的地方，给孩子挑选几本书，自己也挑选几本书，各读各的。

（3）掌握孩子的睡眠规律。不同的孩子有不同的睡眠规律，如汤圆（我女儿的乳名）上车10分钟可以入睡、一般在下午1～3点午睡等，在她睡觉期间，我就可以拥有自己的时间，做自己想做的事情。

（4）把所有的事情分为两类：碎片时间可以做的、碎片时间无法做的。所有碎片时间可以做的事情，就可以一边带孩子一边做。

以上是我自己时间管理的方法，每个人都可以从自己的实际出发，找到最适合自己的方法。

以下是我总结的3个词语，以归纳时间管理的价值观。我们也可以将这些价值观在生活中践行，逐步养成高效管理时间的习惯。

（1）2分钟。

2分钟之内可以做的事情，立即去做，并相信自己可以在2分钟之内完成。拖延和任务的堆积会占用我们的精力并影响我们的思路。如果预测这件事情可以在2分钟之内做完，那就立即去做，一开始可以暂不追求完美，但是要通过练习来精进，在这个过程中我们会不断地提高做小事情的效率，形成在短时间内高效解决小事情的思维习惯。

（2）清单。

列每日清单，可以锻炼自己安排事情优先级的能力，使自己能够及时处理重要且紧急的事情。清单适用于很多场合，如开会时的思维导图、会议记录等都可以是清单的形式。总结出可执行的、有清晰步骤的清单的过程，可以增强决策感和执行感。

（3）"回血"。

保持情绪的稳定和愉悦，不在不必要的事情上浪费情绪。对遇到的紧急情况不害怕、不担忧，及时调整情绪，及时"回血"，看清事情的本质，尽快找到解决问题的方法。

"先要爱你自己，其他一切会步入正轨。在这世上，若要有所成就，你真的要好好爱自己。"借用 Lucille Ball 的一句话送给妈妈们。总体来说，我理解的高效首先是建立在爱自己的基础上，照顾好自己的身体和心灵，然后管理好时间和精力，关注和持续提升做事情的品质和效率，这样才能真正地实现对时间的高效管理。

1.1.4　目标的力量：制订 1 年、5 年、10 年计划

目标的设立让我们拥有了方向感和前行的动力，对于开展一项工作有着全局性的指导作用。那么，我们应该如何去设定目标并实现目标呢？

我们可以用"七步法"创建目标图，如图 1-4 所示。

有了目标规划的方法，我们可以做一个愿景板，把想要达成的目标以图片的形式贴在上面，通过每天不断的提醒，用视觉的力量激发自己的潜能，直到目标实现。

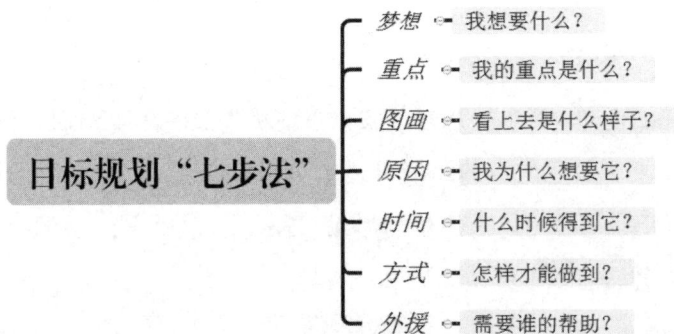

目标规划"七步法"

- 梦想 ← 我想要什么？
- 重点 ← 我的重点是什么？
- 图画 ← 看上去是什么样子？
- 原因 ← 我为什么想要它？
- 时间 ← 什么时候得到它？
- 方式 ← 怎样才能做到？
- 外援 ← 需要谁的帮助？

图 1-4　目标规划"七步法"

其实，做愿景板是一个很治愈和有趣的过程，我们可以借此发现自己想做的事情和心中一直坚守的信念，还可以有更多的自我认知和目标认知。

在我创业的过程中，我制订了 1 年、5 年、10 年计划，并以愿景板的形式把自己的目标展现了出来。当我有一个长期规划时，做事情时也会有更强的意愿与动力。

希望每个人都能以自己的方式来建立目标，让目标成为我们每段旅途的分界点，让我们的人生充满朝着目标奋斗的愉悦。

1.1.5 复盘的力量

复盘本是围棋中的术语，是指棋手在下完一盘棋后，要在棋盘上复原棋局，以检查自己在对局中招法的优劣与得失关键。这一词语发展到后来，有了更广泛的意义，是指回顾一件事情，以看清自己的优势和劣势。

复盘是行动后的深刻反思，可以矫正行动和计划之间的关系。它的逻辑是"计划—行动—复盘—再计划—再行动—再复盘"。每一次的复盘都是对之前的总结与反思，我们只有通过不断的总结才能提升自我。

一般来说，复盘包括 4 个步骤：

第一步，回顾目标和过程。今天完成了哪些事情？与计划相比，有哪些事情没有完成？

第二步，评估结果。评估所做的事情及每件事情的价值。有哪些事情不太重要？有哪些事情很重要但没有完成？

第三步，分析原因。

（1）实际状况跟预期相比有差异吗？

（2）如果有差异，为什么？是哪些因素造成的？失败的根本原因是什么？如果没有差异，成功的关键因素是什么？

第四步，总结经验。

（1）从这个过程中学到了什么？

（2）如果有人开展同样的行动，你会给出什么建议？

（3）接下来要做什么？哪些工作是可以直接开展的？哪些工作是需要相关的条件或资源才能开展的？

复盘不在于形式、事情大小，而在于长期坚持、养成习惯。如果我们能够把自己的每一段经历都变成精神财富，那么我们的精神就会越来越富足，实力也会越来越强大。

1.2 和孩子共同成长

很多时候，我们能从与孩子相处的过程中悟出人的本性。在了解了这种本性初始的反应之后，我们在平时的工作和为人处世中，也能用到这种深度共情的技巧。我秉承的育儿理念是营造自由、包容、愉快的教育环境。

1.2.1 和孩子一起玩，是最好的陪伴

教育孩子，不能抱有很强的功利心。陪伴，是最好的教育方式。陪伴孩子的目的，不是让他考出好成绩，而是要深入地参与他的成长。

那么，如何更好地陪伴孩子？美国儿童心理学家劳伦斯·科恩

（Lawrence J.Cohen）的建议是通过游戏走进孩子的世界。孩子不是缩小版的成人，他是和成人截然不同的独立个体。游戏互动可以帮助父母走进孩子的世界，增加孩子对父母的信任，改善亲子关系，从而让孩子更容易接受父母的教导、建议。

孩子在成长的过程中，通过"玩"能够学习许多基本的技能，并认识自己和周围的环境。游戏是孩子比较喜欢的一种活动方式。莎士比亚说："游戏是儿童的工作。"法国教育家卢梭在《爱弥儿》一书中提出："儿童时期是理性的睡眠时期，只要任他游戏即可。"游戏是自有人类起便有的一种活动，是一种自发的、自我满足的活动，是孩子生活的全部，也是孩子重要的学习途径。心理分析论认为游戏具有净化作用，可以调节孩子的情绪，如帮助孩子调节因创伤而产生的负向情感。

无论游戏的理论如何，它都是因孩子内部的需求而产生的。游戏具有 5 个特征：① 孩子主动参与游戏，没有固定的模式；② 出自内在的动机；③ 重过程而轻结果；④ 是一种自由选择；⑤ 具有正向的影响。

在陪伴孩子的过程中，我崇尚自由、自然和高性价比，这体现在我尽量不给女儿买玩具，大多是亲自动手给她做玩具。我给妈妈分享 3 个随时随地能与孩子一起玩的想象力游戏，这些游戏可以让亲子关系更进一步，也能用于启蒙、锻炼孩子的想象力。

游戏 1："你演我猜"

"你演我猜"的游戏内容很丰富，一方需要用肢体语言表达出纸条上的内容，而另一方则需要根据前者的表演猜出纸条上的内容。在与 1 岁半至 3 岁的孩子玩这个游戏的时候，可以从简单的动物表演开始；在与 3 岁以上的孩子玩这个游戏的时候，可以提高难度，以一些活动作为游戏的内容。

游戏 2：虚拟厨房/超市/医院

虚拟类游戏可以让孩子亲身参与真实存在的生活场景，也可以使孩子充分发挥自己的想象力进行角色扮演。例如，扮演一名厨师，在厨房炒菜；扮演一名顾客，在超市购物，到收银台结账；扮演一名护士，给病人打针等。

游戏 3：一人一句创编故事

在与孩子一起创编故事的时候，当故事发展到比较有戏剧性的情节时，妈妈可以说"然后"以提示孩子继续创编。当然，也可以是孩子创编完一段故事后，妈妈接着创编。如果孩子太小，自己创编故事有困难，那么妈妈可以提出引导性的问题，如"你认为这只小狗跑了吗？你认为它去哪里了？"一旦孩子同意了你提示的某一个情节方向，那么你可以继续询问更多的细节，如"谁和它一起来？"

在孩子上学之后，周末可以多带孩子做一些户外活动，思辨互动陪伴也是一种非常高质量的陪伴。它综合了分析、推理、判断、沟通、协作和创造的能力，通过高质量的亲子启发式对话和追问启发，培养孩子的综合素养。

1.2.2 自信的孩子会发光

自信是一个孩子在成长过程中极佳的养分，会成为孩子现在及未来最好的装扮。自信的孩子永远愿意站在最璀璨的地方，不露一丝怯弱地展现自我，因而也更容易得到命运的眷顾。孩子自信的笑容，像一束耀眼的阳光，可以穿透恐惧、照亮黑暗。如果父母能够帮助孩子培养自信，那么就会发现：自信的孩子会发光！

不自信的孩子，在日常生活中的表现有害怕尝试新事物、质疑自己的能力、遇事易退缩、依恋老师和父母、沉默、孤僻等；在社交中的表现有不善于处理矛盾、缺少玩伴、不善于玩集体游戏、缺乏主见；在课堂中的表现有怯弱、过分乖巧、不信任自己和拒绝挑战。

相信很多父母都不愿意让自己的孩子变得不自信。斯坦福大学的心理学教授曾经对上百个孩子进行过调研，结果发现那些长大后消极、自卑的孩子，他们的家庭教育环境有着惊人的相似之处：父母经常数落孩子、父母对孩子的期望过高、父母过分保护孩子。

那么，如何培养出一个自信的孩子呢？我们可以从以下 8 个方面入手。

（1）培养孩子一项长处。

在孩子学习之余，要培养孩子一个兴趣和爱好，让他觉得自己有一项过人之处，这样会大大增加孩子的自信心。

（2）引导孩子主动关心身边的人。

引导孩子主动关心身边的人，会让孩子有一种被人需要、被信赖的感觉，这种感觉会让孩子更自信、更善良。

（3）引导孩子接纳、认可自己。

父母在生活中要多鼓励孩子，引导孩子独立生活、独立思考，培养孩子的自我肯定意识，让孩子慢慢建立自信，认可自己的价值。

（4）给予孩子足够的爱、信任和赏识。

孩子只有得到父母的信任，才会获得安全感，从而为其建立自信奠定良好的基础。父母发自内心的爱、信任和赏识，能唤起孩子的心理能量，成为孩子建立自信、变得越来越优秀的驱动力。

（5）培养孩子的独立性。

在日常生活中，父母可以让孩子学会自己穿鞋、穿袜子等，在孩子独立完成这些事情时，不要忘记夸赞他。

（6）呵护创造力。

跳水坑或在墙上画画，这些都不是孩子在搞破坏，而是他在探索世界。孩子身上最宝贵的，就是对未知世界充满好奇的探索力和创造力，请父母不要把孩子的这些潜力扼杀在摇篮里。

（7）有界限的自由。

不管是贴歪的照片，还是散落的玩具，随心所欲布置自己的小天地是孩子在表达对生活的热情和喜爱。父母应该给孩子适度的自由，让孩子既有机会自我想象与发挥，又不越界。

（8）重视过程。

过程比结果更重要，即使孩子偶尔失利，父母也不要一味地指责与谩骂他，而是要多加鼓励和关爱。一句肯定的鼓励，是对孩子努力最好的犒赏，也是孩子坚持奋斗的动力。

只有父母尊重孩子的天性、善于发现孩子身上的闪光点，自信才会成为他们最坚实的铠甲，也会成为陪伴他们终生的财富。

1.2.3 美育可以激发孩子的创造力

美育是培养孩子认识美、爱好美和创造美的能力的教育，也称美感教育或审美教育，是全面发展教育不可缺少的组成部分。对孩子进行美育，一方面可以提高孩子的智力因素，即观察力、记忆力、想象力、审美创造力和实践能力；另一方面可以培养孩子优秀的个性品质，陶冶其情操。那么，如何对孩子进行美育呢？

1. 绘画

童年是形成生理机能的时期，绘画有助于完成对孩子视觉和动作的教育，同时可以促使其认知能力的成长，逐步理解周围的事物。绘画要求许多心理机能协调参与，还要求大脑左、右半球之间相互关系的协调。孩子通过绘画可以抒发情感、缓解紧张情绪，使心情平静、愉悦。

2. 多感官观察和体会自然中的美

爱默生说："人在感知各种自然形式时就可以产生出一种愉悦感。对于那些善于发现的眼睛，大自然每时每刻都会呈现它独特的美。"在日常生活中，我会和女儿利用各种各样的东西进行创作，如堆雪人（见图1-5）、捡树叶（见图1-6）、用泡沫画画等。

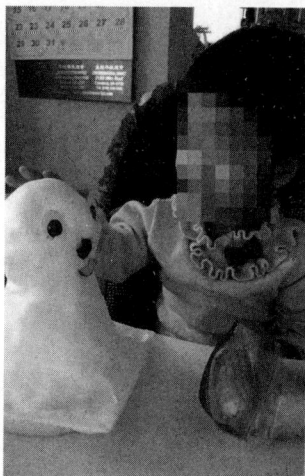

图1-5　堆雪人

3. 多读一些绘本

绘本不仅在配色和画风上很优秀，而且也能让孩子潜移默化地学到一些艺术启蒙的知识。例如，*Press Here*、*Mix It Up*、*Say Zoop*、*Let's Play* 这4本书，可以让孩子了解色彩之间更丰富的关系，使其能用不同的色彩进行创作。

赵嬰 ZhaoZhao

爱默生说："人在感知各种自然形式时就可以产生出一种愉悦感。对于那些善于发现的眼睛，大自然每时每刻都会呈现它独特的美。"

2016年11月23日 上午6:30 删除

图1-6 捡树叶

4. 为孩子创造良好的美育环境

对于 0～3 岁的孩子，不管是对画面进行填色（见图 1-7）还是涂鸦，父母都要多鼓励孩子，给孩子一些正面的反馈，引导孩子讲述画面的内容。3 岁以上的孩子已经有了一些审美意识和主动创作的能力，这时父母要让孩子有充分的空间可以施展。

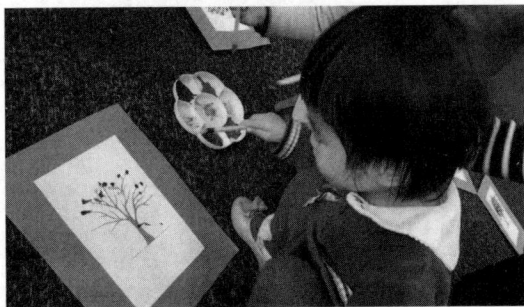

图1-7 填色

做好美育教育，不仅是为了提高孩子的审美能力，而且是为了使孩子能从更立体的角度进行思考，这样可以锻炼孩子的设计思维能力，对未来文科/理科的学习、进入社会的实践都有非常大的帮助。

1.2.4 讲故事，是激活孩子大脑最有力的方式

父母可以经常用绘本来给孩子讲故事，这种形式最早可以追溯到数万年前的洞穴壁画，讲故事一直是人类最基本的交流方式之一。

当我们在讲故事时，大脑中的语言处理部分就会被激活，我们的大脑会变得更加活跃；而当我们在听故事时，我们都希望将它与我们现有的经历联系起来。父母给孩子讲故事的作用有以下 5 个。

1. 教授孩子做人做事的道理

孩子喜欢听故事，他想要了解自己最喜欢的角色，并尝试模仿。通过给孩子讲述具有正确价值观的故事，可以培养孩子诚实、善良、勇敢等良好的品德，并教给他为人处世的道理。

2. 激发创造力和想象力

相较于在电视、电脑等电子产品上观看动画，聆听故事更有助于激发孩子的创造力和想象力。因为在聆听故事的过程中，孩子的思维会随着故事情节的发展进行转换，他会思考故事中的角色、地点等。久而久之，孩子会形成自己独特的想法，他的思维也会更加开放。

3. 增强孩子的记忆力

在讲故事时，父母可以通过提问来帮助孩子梳理故事情节；讲完一个故事后，可以在几天后让孩子尝试复述这个故事。这样会增强孩子的记忆力和专注力。

4. 促进语言学习

孩子在听故事、复述故事的过程中，可以学会新的词汇、概念和表

达方法，这样会锻炼孩子的语言组织能力和表演能力。

5. 让孩子喜欢上读书

在持续地给孩子讲故事的过程中，孩子会习惯并喜欢上读书。即便他不认识字，他会根据图片发挥想象力，这也会激发他的识字兴趣。

在讲故事的时候，父母可以以亲子共读的方式读一些绘本，如果有余力也可以用故事会的形式，将身边几个家庭组织在一起，这样有利于培养孩子的社交能力，让孩子从小就有为他人服务的意识。"It takes a village to raise a child."（举全村之力养育一个小孩。）通过故事会的形式，可以让更多的家庭加入亲子共读中，形成社群共同育儿的氛围。

1.2.5 自驱型成长：科学有效地培养孩子的内驱力

内驱力是我们做一件事情的动力。内驱力的 3 个主要来源是情感联结、自我效能感和自主感，即爱的动力、能力动力和自我动力。

孩子的内驱力来自兴趣、被倾听、被赞美和成就感。因此，父母要观察孩子，了解他的兴趣和爱好，并给予他支持。父母要给予孩子足够的倾听和尊重，让他能够遵从自己的内心去做选择，并为自己的选择负责。同时，父母还要真诚地赞美孩子，让他有成就感。

父母可以从以下 6 个方面来培养孩子的内驱力。

1. 无条件的爱

父母要让孩子有足够的安全感和安定感。这样他就不会担心来自家庭和外部的压迫、控制、抛弃、嘲笑或轻视，也不会消耗他的精神能量，他的精神张力会因此向内，并逐渐发现自我。

2. 不打扰，不忽视

不要认为孩子玩游戏、看电视或发呆是在浪费时间，如果父母时不时地打扰孩子，就会影响他的专注力，也会影响其内驱力的觉醒。

3. 帮助孩子发现自我价值

父母要多给孩子创造机会，让孩子到不同的场所体验生活，让他在各种经历中找到自己的兴趣所在，并对其兴趣加以培养，这样可以帮助孩子慢慢建立起在某一方面的自信。

4. 尊重作为个体的孩子

尊重孩子，即无条件地接纳孩子的情绪、接纳孩子的错误，允许孩子有自己的节奏。一个得到父母尊重的孩子，会更自主，更有自己的主观性，能更深入地发掘且不受限制地展现自己的内驱力。

5. 敢于放手

父母要放手让孩子去做他喜欢做的事，这样才能最大限度地激发他的潜力。孩子是独立的个体，父母适时地放手有利于孩子更好地探索世界，形成自己对世界的认知，从而更好地激发内驱力，实现自驱型成长。

6. 适时助推

在孩子遇到困难时，他自己能解决的，父母就不要干涉；他自己不能解决的，父母要给他一些帮助，助推他克服困难。

好的、适宜的教育方式，无不在唤醒和激发孩子的内驱力。而和谐、自由的生长环境，开明、睿智的父母，美丽的大自然，广泛的阅读，适度的体育运动等，都是培育孩子内驱力的最好土壤。

1.3 打造家庭共同成长体

妈妈在孩子成长上的投入很多,而孩子的教育与家庭的经营不只是妈妈的事情,还需要家庭中的每位成员都参与进来。只有家庭成员共同守护家庭,共同为孩子的成长出力,才能打造一个家庭共同成长体,形成和谐、温馨的家庭氛围。而这样的家庭氛围也能促进家庭成员之间的理解,减轻妈妈的负担,使孩子在更好的环境中健康成长、形成正确的三观。

1.3.1 组建家庭式团队

当今社会结构发生了变化,涌现了许多商品房,人口开始向大城市聚集,单位家庭里孩子数量的减少,使得孩子的孤独感尤甚。而当我们提到教育孩子时,很多人脑海里会浮现出妈妈辛苦的模样。

但是在现代社会中,孩子的教育不仅仅是妈妈的事情,还需要组建家庭式团队,让家庭中的每位成员都能发挥所长,共同参与孩子的教育。

在城市化的家庭中,父母和孩子是组成小家的基本结构。在一个家庭中,一般会有祖父母(外祖父母)中的一位或两位协助父母带孩子,有的家庭甚至会聘请一位保姆专职带孩子。那么,家庭式团队中的每位成员负有的职责分别是什么呢?

1. 爸爸

在除妈妈以外的家庭成员中,爸爸必然是责任最重的一位。当妈妈在亲子关系中投入了更多精力的时候,爸爸就需要在家庭中承担更多的责任来减轻妈妈的压力,如分担家务、处理家庭琐事等。妈妈在产后因为激素分泌变化,心理状态、情绪极不稳定,爸爸还要多关注妈妈的情绪变化,在必要时做妈妈的聆听者与情绪疏导者。

而在陪伴孩子方面，爸爸也有着不可替代的作用。

（1）爸爸在陪伴孩子玩耍方面会更有趣。

（2）爸爸会使孩子更有探索性，更自信。

（3）爸爸对于孩子形成规则，以及对真实世界的认识，具有重要的意义。

（4）影响孩子择偶观。

因此，对于妈妈来说，要努力调动起爸爸陪伴孩子的积极性。妈妈可以采取以下措施。

（1）学会放手，让爸爸成长得更快。

（2）学会鼓励，让爸爸更有动力。

（3）学会示弱，让爸爸有被需要的感觉。

在妈妈那里，孩子获得的是无微不至的照顾和细腻的情感支撑；在爸爸那里，孩子学到的是理性、逻辑、勇气和自信。因此，在家庭式团队中，爸爸和妈妈要互补，尤其要充分发挥爸爸的作用，以更好地养育孩子。

2. 祖父母（外祖父母）

祖父母（外祖父母）是协助我们带孩子的主力军，是现在城市家庭中逐渐被重视的一个群体。父母首先要明白，祖父母（外祖父母）背井离乡在城市里帮助自己照顾孩子，这本身就已经是很大的牺牲了。祖父母（外祖父母）受教育的程度和生活的环境，造成他们和父母之间必然有代沟。因此在孩子的教育问题上，父母不能让祖父母（外祖父母）承担更多的责任，否则，可能因为育儿观念不同而引发家庭矛盾。

祖父母（外祖父母）可以更多地承担一些非教育类的工作，如做饭、洗衣服、接送孩子等。同时，因为祖父母（外祖父母）经历过物资匮乏、吃不饱、穿不暖的年代，所以他们身上的质朴、勇敢、自强等宝贵品质也会对孩子产生潜移默化的影响，有利于塑造孩子的良好品德。

80后和90后的父辈，相对来说，他们的文化程度有了提升，有的祖母和外祖母有很强的自我成长和教育意识，她们比妈妈能更全情地投入在孩子的教育上。因此，妈妈在时间有限的情况下，应积极地和祖父母（外祖父母）沟通教育价值观，可以让他们帮忙，常感恩、常夸赞能营造好的环境，达到不错的家庭育儿效果。

3. 保姆

如果没有祖父母（外租父母）或其他亲友帮忙照顾孩子，父母就不得不聘请保姆来照顾孩子了。因为父母跟保姆之间存在合约关系，是涉及薪酬的，所以在合约生效前，父母需要将相关注意事项告知保姆，并明确保姆的职责范围，以免后期发生不愉快的事情。例如，保姆不承担教育孩子的主要责任，保姆不能单独带孩子出去逛街等。

作为保姆的管理者，父母要做好流程管理和项目管理，给保姆列好工作清单和检验标准，给保姆规划职业成长路径，让保姆的专业程度在服务过程中也有所提升。

带娃不是妈妈一个人的责任，而是全家共同配合的工作。妈妈无须把重担都扛在自己身上，要学会及时求助，享受一家人在一起相处的时光。

1.3.2　仪式感：让平淡的日子有格调

在电影《小王子》中，狐狸对小王子说："你每天最好在相同的时间来。比如说，你下午四点钟来，那么从三点钟起，我就开始感到幸福。时间越临近，我越感到幸福。到了四点钟的时候，我就会坐立不安，会发现幸福的代价。但是，如果你随便什么时候来，我就不知道在什么时候该准备好我的心情，我们需要有一定的仪式感。"

的确，仪式感可以让平淡的日子有格调，会给我们带来存在感、安全感和幸福感。仪式感对孩子来说尤其重要，而仪式感存在于父母平常与孩子相处的方方面面，如每天早晚问好、拥抱道别，每天做亲子游戏、睡前阅读、睡前聊天等。

有仪式感的父母，会在孩子成长的重要时刻做好记录，给孩子留下美好的记忆。父母可以从以下几个方面塑造仪式感，参与孩子成长的全过程。

（1）记录孩子成长中的每一个第一次，如第一次喊爸爸、第一次站立、第一次上幼儿园等。

（2）记录孩子成长过程中的点点滴滴。父母可以在平时记录，定期整理成文字并做成一本成长手册；也可以将照片洗出来做成相册，或者做成不同类型的系列手账，如"我能行"系列，将孩子挑战爬网、学骑自行车、学轮滑等照片粘贴在手账上，旁边配上简单的文字。

（3）在传统节日和孩子一起体验节日习俗。例如，端午节和孩子一起包粽子；中秋节和孩子一起赏月、吃月饼；春节让孩子和父母一起贴春联、包饺子。最好选择孩子力所能及或能给予帮助的活动，让孩子有参与感。

（4）出席孩子成长中重要的活动，尤其是学校举办的活动，如孩子的家长会、校内亲子运动会等。父母要给足孩子爱与安全感，让孩子相信家人一直陪伴在他的身后。

每个家庭也可以创造属于自己的小仪式，如周末的户外活动日，定期旅游等。

1.3.3　家庭会议：让孩子体验组织规划

培养与世界对话的 CEO，从家庭会议开始。家庭会议可以有效地提高孩子的综合能力，如倾听、思辨、解决问题、合作、计划等，以及主人翁意识。

正面管教创始人之女玛丽·尼尔森（Mary Nelsen）就是在家庭会议中长大的。开家庭会议是她所在家庭的一个惯例，每周她都会提前把自己的问题记录在会议日程上，然后在家庭会议上和家人进行讨论，在问题得到解决后，她感觉很轻松。在她组建了自己的家庭后，延续了开家庭会议这一惯例，她会让自己的孩子充分参与家庭会议。

家庭会议的内容非常丰富，小到一日三餐、穿着打扮、作息时间等生活琐事，大到爸爸是否要换工作、孩子高考等重大家庭决策，只要是受到困扰的、有分歧的问题都可以作为家庭会议的议题。

家庭会议准备工作及注意事项如下。

（1）充分尊重家庭中的每一个人，尤其要认真倾听孩子的想法和意见。

（2）提前通知参会人员，让大家都有心理准备，使会议更高效。

（3）会议时间尽量控制在 10～30 分钟。

（4）开会过程中不插嘴、不批评、不指责，做到彼此尊重。

（5）每次会议的议题尽量控制在两个以内。

（6）会议制定的方案尽可能细化，便于执行。

家庭会议的流程如下。

（1）家庭成员轮流致谢。

（2）家庭成员轮流发言提出议题。

（3）家庭成员分别提出自己的见解，一起讨论，寻找大家一致同意的方案。

（4）爸爸或妈妈记录讨论的结果，试运行一周。

（5）最后，开展趣味活动或品尝甜点。

如果从来没有开过家庭会议，不妨先尝试一下感谢环节。感恩是生活的一部分，能增强生活的幸福感。而在感恩的前提下讨论其他话题，也会使人们更容易敞开心扉，氛围也会更加融洽。

家庭会议除了可以促进家庭成员之间的关系，也可以整体提升孩子的思辨能力，还可以进行不同家庭成员之间的观点倾听、表达、总结，建立起亲子之间平等沟通的习惯，让孩子拥有从多种不同角度思考问题的意识。

1.3.4 做情绪稳定的父母：你就是孩子的原生家庭

情绪是当个人期待和需要是否得到满足时所产生的情感体验和行为反应。一般我们将情绪理解为一种心理能量，情绪不会自行消失，而需要释放或转化。人产生各种情绪是正常的，不管什么样的情绪，我们要做的是接纳它、管理它。

管理情绪，对于妈妈来说尤其重要。因为孩子的各种心理活动和行为模式都会受到妈妈的情绪的影响。如果你是一个急躁、自我、强势的妈妈，孩子在成长过程中会不断地与你产生冲突、矛盾，这样就会使孩子形成焦虑型人格，具体表现为安全感差、注意力差、情绪不稳定。

因此，一个情绪稳定的妈妈对孩子的成长十分重要。在此，我分享给妈妈处理情绪的 3 个步骤：表明感受→表达需要→解决问题。

很多时候，当我们把情绪表达出来后，事情已经解决了一大半。例如，妈妈在陪伴孩子的时候，公司有紧急事情需要妈妈处理。这时，妈妈完全可以把自己的急切心情表达出来："宝宝，妈妈现在很着急，公司有一个很重要的事情需要妈妈处理。很遗憾，妈妈现在不能陪你了，你可以自己玩一会儿吗？"这就是表明感受、表达需要。

成为妈妈后，女性的情绪会更加丰富和复杂。而养育孩子需要耗费很多时间和精力，从孩子出生到长大，焦虑可能长期伴随着妈妈，因此，妈妈极易因孩子吃饭挑食、做作业磨蹭等问题，产生愤怒的情绪。

针对焦虑，要"因材施教"，根据自己孩子的特点制定养育目标；而针对愤怒，关键是找到引爆点，并学会暂停及复盘。

每个父母被瞬间"点爆"的因素各不相同，而这些因素，就是情绪的触发器。有些是你自己内部的情绪触发器，有些则是外部的情绪触发器，通常与你的孩子或伴侣有关。需要强调的是，这些只是引起你愤怒情绪的导火索。还有一个关键因素会引起你情绪爆发或吼叫，那就是你的想法，因为是你的想法在不断地为这股怒火提供燃料。

当你逐渐了解了自己的情绪触发器，以及自己的想法是如何造成情绪升级的时候，你就可以开始做一些改变，阻止情绪的爆发。虽然你无法预知自己每天将会面临什么，但是你能够控制自己对此的回应，调整你对自己所见、所闻、所感的解读方式。

妈妈拥有良好的情绪管理能力，不仅是孩子安全感的来源、良好亲子关系的保证，更是妈妈主宰自己人生和建立良好人际关系的基础。当你开始觉察的时候，感性情绪就接收到了理性思考助力的信号，情绪就在往好的方向发展了。

百万畅销书作者黄有璨：给妈妈的成长指南

黄有璨是有瞰学社创始人兼 CEO，还是 36 氪、创业黑马高管营创业导师。他从零起步创办过估值数十亿元的公司，他所著的《运营之光》《非线性成长》畅销图书，获奖无数。他还是一位教育从业者，拥有数百万名学员，其中部分学员来自 BAT、TMD 等顶级公司。

生命的答案不止一种

百万畅销书作家、教育行业连续创业者、拥有百万名学员的老师等都是黄有璨的标签，现在通过黄有璨的标签去衡量他的成就和影响力，很难相信他的起步身份是一个高中辍学的社会"草根"。曾经，作为一个真正的社会底层的普通人，没有高学历的加持，也没有显赫的家庭支持的他，经历过人生低谷，承受过亲人、朋友的质疑，也面临过许许多多的困难。回望过去，曾经所有的经历都是他的财富，艰难和低谷带来的成长塑造了现在的他，在 15 岁以后的十几年的时间里，他成功地完成了逆袭、跃迁的蜕变。

这段"草根"逆袭的经历无疑带着奇幻色彩，黄有璨把其中的原因和机遇都写在了《非线性成长》这本书里，让更多和他一样的普通人，可以通过自身的快速成长走在人生赛道的前端，获得更多的资源和认可，实现自我逆袭。

同时，他在自己的经历中找到了对教育的一些认知和坚持："生命的答案不止一种，人并不一定要追求某种世俗的标准答案，也不是必须通过某种大多数人在一起无限'内卷'的渠道去实现理想。我想要帮助更多普通人找到自己成功的方法和方向，发现生命的更多可能。"而这也是他坚定选择教育行业持续创业的重要动力和愿景。

教育是一个很大的课题，如何定义教育的好坏、如何找到自己的方向呢？黄有璨有他独到的见解。他认为好的教育应该至少包含3层意义。首先，应该在个体层面赋予每个人成为更独立的完整个体的可能性，帮助每个人找到自己独特的天赋；其次，应该为国家长期培养人才提供优质的劳动资源，并且能够和国家长期的经济发展战略结合，为国家发展助力；最后，好的教育应该能够提供更丰富的社会阶层上升通路，让阶层变化更多元化、更有活力。同时拥有这3层意义的教育，才能真正实现从个人到社会的良性成长，也能够对个人发展规划做出指导。

快速成长是有方法的

成长的背后其实也是竞争，每个人进入社会之后，无时无刻不在竞争。例如，职场上的竞争，在面试求职的时候，每个人都需要和其他求职者竞争；在进入公司后，则需要和其他同事或其他公司的同行竞争。此外，相对于打工来说，创业的竞争更是无处不在。快速成长的奥秘就藏在这些竞争的背后，如果能在自己的定位上，相对于其他竞争者做出一些更重要的成绩和成果，就可以获得一些优势，从而获得头部效应的加持，也更容易拥有优质的资源和更多的认可。

黄有璨在他的《非线性成长》这本书中也强调过这个观点。每一个想要获得快速成长的普通人，不管是处在职业发展的哪个阶段，都要学会不断地去选定赛道、找到目标，并且尽力向这个目标努力，同时尽力做出一些重要的成绩，让这些成绩和成果去帮助他获得头部效应，获得资源的加持。如果努力保持这样的状态，那么相对于其他人，他的成长速度一定更快，这就是竞争带来的快速成长。

除此之外，学习和经历也是个人成长很重要的一部分。

很多人容易在教育这件事上被某个要素所纠结，但其实以教育这件事来说，不管是老师、学生、教材，还是场景，所有的要素都是相辅相成的，其中任意一个都不能脱离其他要素而独立存在。当我们纠结于哪种教育方式更有效、哪位老师更优秀、哪套教材更深入的时候，不如将注意力放在自己身上，去发现自己的天赋、性格特点和学习习惯等。

没有哪种固定的学习方式是适合所有人的，有的人学习主动性强，那么或许他就能很好地适合开发型的学习方式；但对于一些思想比较保守、需要被引领着学习的人来说，规范的标准学习流程或许更适合他。所以，对于每一个个体来说，或许没有绝对好的学习方式，但一定存在更适合自己的学习方式，这需要根据自己的情况去寻找。

而在深耕教育行业创业的这些年里，黄有璨也一直致力于帮助大家去顺应潮流，并找到适合自己的学习方式。从三节课到有瞰学社，他始终关注 20～35 岁的年轻人，力争让这个群体能找到更丰富、更多元化的个人上升通路。

在今天的社会环境下，比起创业，黄有璨更建议年轻人掌握一些技能，在 30 岁之前拥有主动选择工作和生活方式的能力。例如，通过学习掌握流量增长的能力，成为一个有稳定变现能力的小微创业者。不管是什么样的社会角色，专注做一些小而美的事情，找到快速上升通道或尽早拥有个体变现能力，会更符合这个时代的浪潮。

妈妈如何实现个人发展

"妈妈群体是有天然优势的。"在谈到给妈妈一些个人发展的建议时，黄有璨斩钉截铁地说出了这个观点。相对于职场和社会大环境对妈妈群体的发展局限，这个观点让人眼前一亮。黄有璨认为，妈妈在情感和情绪的处理上，天然地具备更高的感知和平衡能力。此外，处在妈妈这个身份阶段的奉献精神也是其他社会身份的人不具备的。这些都让妈妈更容易获得信任和接纳，能够更高效地和他人建立连接，这些也是妈妈群体实现个人发展的天然优势。

当然，这个群体的社会属性也让她们存在劣势，这主要体现在时间和工作状态的不规律。因为受到孩子的影响，妈妈能够用来利用的时间常常是碎片化的，即使是职场妈妈，也会偶尔因为孩子的琐事向公司请假。

当然，这些困难也并不是没有解决的方法，如果想要更好地实现个人发展，妈妈就需要尽可能地找到生活和工作的平衡点，获得家庭的支持，而这些都会为妈妈的个人发展带来很大的助力。

黄有璨还认为，妈妈大可不必对未知的一切抱有疑虑和自我怀疑。在现在的互联网大环境下，妈妈学习一些技术，利用自己的天然优势、奉献精神和自带的信任感，通过分享的方式进行流量运营，从而实现个体创业变现，并不是一件很难的事。

至于哪些具体的副业变现方法更适合妈妈群体，黄有璨也给出了指导。比较常见的变现方法是个人 IP，如育儿类或女性成长这种给他人提供帮助的 IP，是很适合妈妈群体的，这也是目前比较主流的一种发展逻辑。如果你没有信心运营好 IP，也可以把自己定位为一个 KOC（关键意见消费者）或 KOS（关键意见销售），通过将自己使用得比较好的一些产品进行分享和推荐，链接更多的同类人，通过分销返佣，实现分享变现。

此外，社群运营也是一个方向。妈妈可以根据孩子的性格特点或自己的育儿特长来选择主题，运营一些小而精准的主题社群，聚集一些精准同频的妈妈。社群运营的优势在于，既能给自己提供交流互动的平台，又能交到很多朋友，比较容易建立信任纽带，让社群本身产生商业价值。如此一来，后续通过产品或服务实现个人变现是比较容易的。

当然，妈妈的个人发展路线还有很多，最重要的是要找到自己的相对优势，掌握快速成长的方法，才能事半功倍。

时代总是在不断变迁，妈妈面临的挑战也会越来越多，黄有璨想送给所有希望实现个人成长的妈妈一句话："哪怕时代浪潮会有巨大改变，哪怕我们觉得无所适从，我们也要尽量去做一个顺应时代而不被时代浪潮淹没的人。"

不管成为谁，也不管选择什么方向去努力，找到自己的独特之处，勇敢做自己，是人生永远的课题。

第 2 章

个人 IP：重在长期价值

当今时代，人人都渴望成功，都希望在众人中能够脱颖而出。而这个充满机遇与挑战的时代，也给了每个个体脱颖而出的机会——打造属于自己的个人品牌，也就是大家所说的个人 IP。随着科技与网络的发展，品牌不再独属于企业或团队，每个人都可以被极大地赋能，如通过微信平台，独立打造专属于自己的个人 IP。而拥有个人 IP 后，我们可以实现持续变现，收获财务与生活的自由。

本章将为妈妈详细讲解我在打造个人 IP 方面的经验和心得，包括"如何打造个人 IP""个人 IP 商业模式：持续变现""多平台运营：打造流量及转化的闭环"。

自从 2016 年进入 IP 领域，我了解了运营打法几乎每半年都会有一次大升级，包括微信公众号、短视频、社群、社交电商、直播等平台，做这件事需要有很强的适应性和执行力，认准了就去做，不跟风，不动摇。

其实，运营打法层面的内容具有共通性，我们也很容易学会。但是，打造个人 IP 更重要的是耐心和坚持。我们要做好一个心理建设，那就是永远相信长期价值。人们总会高估自己短期的改变，在坚持了一两个月之后，发现还没有达到自己的期望时就会非常沮丧。其实耕耘一个领域，需要的是长时间的积累，因此，我们一定要目标长远、保持耐心。只要方向是对的，并且能沉下心去践行，终有一天我们会获得丰硕的成果。

2.1 如何打造个人IP

关于如何打造个人 IP，很多人都会有一个心理障碍，那就是觉得自己还没有想好该怎么做，或者总是觉得自己做得还不够好。这种心态阻碍了我们的行动。打造个人 IP，其实不用等准备好了再开始，我们可以先从一两个好的点子做起，或者先按最简单的方法进行尝试。我们要明白先完成再完美的道理，用迭代思维，不断让自己做得更好。

下面的内容我会从定位策略、品牌要素和保持输出 3 个方面，为妈妈介绍打造个人 IP 的方法体系。妈妈可以据此搭建一个简单的行动方案，勇敢地尝试起来，不断打磨自己，走向未来的成功。

2.1.1 打造个人 IP 的定位策略

在 5G 时代，每个人都有可能成为一个 IP，成为一个品牌。那么如何才能赶上这波大潮，顺势而为，成为站在风口上的人呢？本章会帮助妈妈像打造产品一样，打造自己的个人品牌。做个人品牌，也是在做内容与社群的产品，保持敬畏之心，不断站在用户的角度思考，打造超凡产品。

要想打造个人品牌，首先要找准个人品牌定位。在找准个人品牌定位之前，先问自己一个问题：我足够了解自己吗？

基于此问题，首先，我们可以试着从性格、喜好、思维特征、能力矩阵、人生目标等方面展开，对自己进行一次深度的梳理；其次，对自己的家庭、生活、工作、资源、朋友圈等进行深度的剖析，了解自己所处的社会角色；最后，对自己的优势和劣势进行充分的梳理，可以尝试从感性/理性、工作喜好、人格排序、价值观排序、决策习惯等方面展开。

在对自己有了充分的了解之后，我们如何才能找准自己的个人品牌定位呢？下面介绍一下我常用的几种方法。

1．用户画像法：把自己当作用户，寻找用户需求，找准个人品牌定位

寻找个人品牌定位最简单的方法是将自己代入用户的心境中，站在用户的角度去思考问题，寻找用户的切实需求，将用户的需求作为个人品牌定位的方向。

2．圈定范围法：找到自己能影响到的用户群体

找到自己能影响到的用户群体，给这些用户群体建立画像，也有利于找准个人品牌定位。在这个过程中，我们要避免一个思维误区——短板思维。当今时代，由于人们的社会分工更加细化，其实没有必要补齐所有的短板，而是应该发挥自己的长处，优势互补，从而促进自身的发展。

3．冠军思维法：选择大于努力，在合适的赛道上一马平川

对于一个冠军来说，赛道选择很重要。而在市场潮流中，在"红海"中发现"蓝海"尤为重要。所以，我们在做细分领域的选择时，也应该具备冠军思维，不要跟风，向更容易成为"冠军"的赛道去努力。

4．降维打击法：你做起来简单，别人要做却很难

降维打击法，就是要找到一件别人做起来很吃力而你做起来很轻松的事情，然后从这件事情中找到自己的闪光点，从而找准个人品牌定位。

那么，找准了自己的个人品牌定位后，我们应该如何打造个人 IP 呢？

1. 个人品牌印象的打造

个人品牌印象的打造可以通过两个方面来实现：自我介绍和个人形象图片。自我介绍是人际交往的敲门砖，会给别人留下深刻的印象。自我介绍可参考维度：基本信息、职业、证书、可量化的数据、价值观、人生格言等。而个人形象图片，则要根据不同的使用场景及渠道特征来选择。例如，我企业微信号上的个人形象图片偏正式，如图 2-1 所示；个人微信号上的个人形象图片更生活化，显得平易近人，如图 2-2 所示；自媒体平台上的个人形象图片有鲜明的特色，如图 2-3 所示。需要注意的是，个人形象图片不要频繁更换，以免扰乱粉丝已有的印象。

图 2-1　企业微信号上的个人形象图片　　图 2-2　个人微信号上的个人形象图片

赵婴 ZhaoZhao
生活博主
女

留美六年·社交教育·群后，美国东北大学经济学硕士，喜欢玩钢琴、尤克里里、古筝，这里是我的业余生活。
1.在中美20城举办线下亲子活动300场
2.多家天猫店做主播，曾单场109万观看，211万点赞
3.用户运营，自带运营属性。擅长社群、App、用户、内容、活动运营，教育私域5000+人团队长，22000+付费用户
育儿育己闪着光，有钱有诗有远方
@赵婴尤克里里弹唱@早七点乐队@思辨指导师赵婴
公众号: 赵婴 ZhaoZhao

图 2-3　自媒体平台上的个人形象图片

2. 确定 3 个关键词标签

关键词标签可以让大家对我们的印象更加深刻，也有利于增强个人品牌定位。有了关键词标签之后，在进行内容输出时会更有侧重点。例如，我的 3 个关键词标签是海归妈妈、天猫百万直播间主播、群后。

3. 经营好微信朋友圈

对于个人微信号来说，微信朋友圈是其最大的价值，优质的朋友圈内容会加速对方的信任。

对于企业微信号来说，微信朋友圈多为与企业相关的内容。下面分享一些我自己经营微信朋友圈的心得、体会，以帮助妈妈做好微信朋友圈的自我诊断，并获得有黏性的粉丝增长。

（1）微信朋友圈转化的要素：涨粉、信任、选品、包装、激活。这几个要素的结合，促成了微信朋友圈转化的基础。涨粉即维护好现有的流量池；信任即给对方提供价值，获取信任；选品即根据自己的目标用户画像，挑选合适的产品进行推送；包装即用适合自己的物料、短视频、图片或语句，更深一步强化个人标签；激活即适时、适度关心和答谢用户。

（2）微信朋友圈自我诊断。若要将陌生人变成高客单价的粉丝，则需要一个持续的、走心的互动过程。

如果没有获得预期的粉丝量或购买量，那么在用户方面可能有 5 个原因：没看、没钱、没兴趣、不信任、不适合。我们要对这 5 点进行分析，以此来重新思考自己的选品，以及微信朋友圈人设定位是否和目标用户契合。

（3）微信朋友圈营销文案。营销文案一般是为了让粉丝更多地了解产品内容，突出产品的特点、解决方案和福利，更重要的是，营销文案要有情感和价值观吸引，和用户建立共情。例如，童行学院的课程营销文案，如图 2-4 所示。

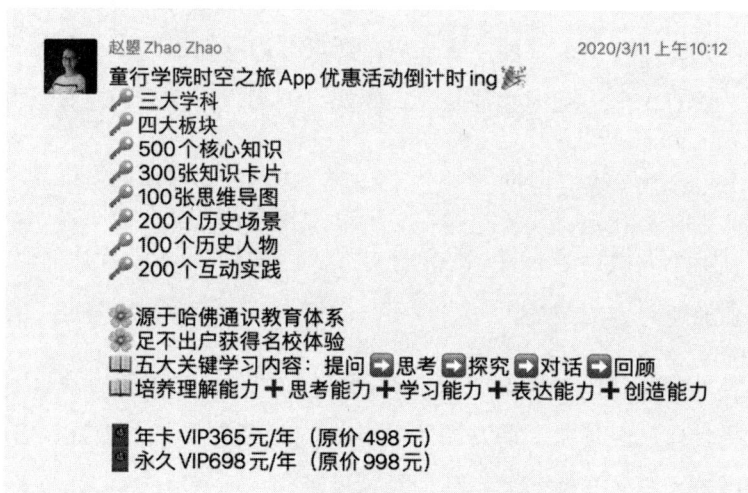

赵婴 Zhao Zhao　　　2020/3/11 上午10:12
童行学院时空之旅 App 优惠活动倒计时 ing 🎬
🔑三大学科
🔑四大板块
🔑500 个核心知识
🔑300 张知识卡片
🔑100 张思维导图
🔑200 个历史场景
🔑100 个历史人物
🔑200 个互动实践

❁源于哈佛通识教育体系
❁足不出户获得名校体验
📖五大关键学习内容：提问➡思考➡探究➡对话➡回顾
📖培养理解能力➕思考能力➕学习能力➕表达能力➕创造能力

年卡 VIP365 元/年（原价 498 元）
永久 VIP698 元/年（原价 998 元）

图 2-4　童行学院的课程营销文案

4. 自媒体组合拳

除了深耕微信朋友圈，我们也可以适当地向外拓展，打造自己的流量闭环体系，形成自己的微信引流闭环思维导图（见图 2-5）。例如，创建微信号以外的自媒体号，图文类有小红书、知乎、简书等；视频类有抖音、快手、西瓜视频、哔哩哔哩网站（以下简称"B 站"）等。妈妈可以选出自己优先级前五的引流闭环并排序，打造强有力的引流变现基石。例如，我的引流闭环优先级排序为微信朋友圈、社群、微信小程序（以下简称"小程序"）、微信公众号（以下简称"公众号"）、微信视频号（以下简称"视频号"）。

有了综合平台的 IP 定位，我们就可以勇敢地迈出第一步，做好栏目规划，开始高效输出和更新了。

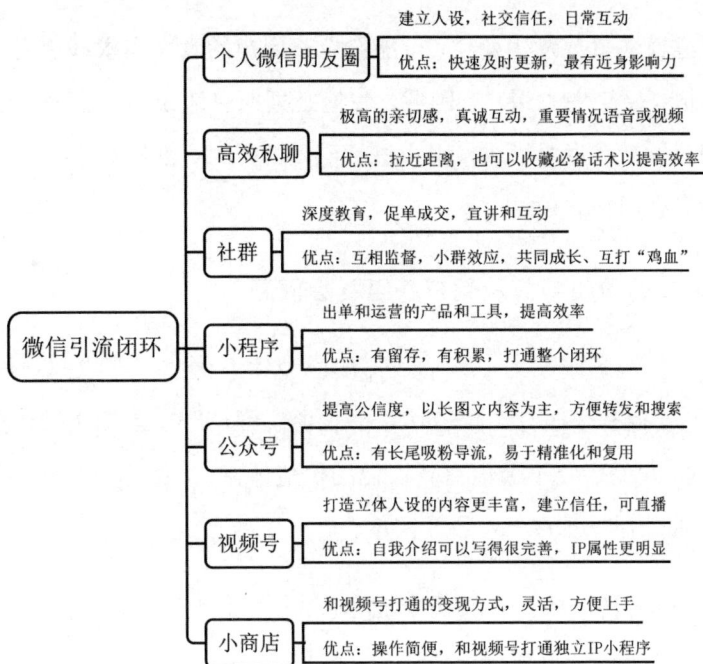

图 2-5　微信引流闭环思维导图

2.1.2　备好"粮草"，学会打造品牌要素

　　品牌要素由外在要素和内在要素构成。外在要素包括品牌名称、品牌标识和品牌广告；内在要素包括品牌理念、品牌定位、品牌承诺和品牌体验。想要长久地打造个人品牌，要针对这些要素持续努力，那么如何保证努力是有效果的呢？在本节中，我们从长期、持久的角度，给妈妈分享如何打造品牌要素。

1．深挖核心优势：专注细分领域的深度探讨

　　要想在众多 IP 中占有一席之地，我们必须深钻自己所定位的细分领域，形成自己的个性标签。这就要求我们锤炼洞察力，即持续地站在用户的角度去思考问题。当我们已经站在了一定的高度之后，我们的心

态和思维模式就会发生变化，可能会忽略用户的真实需求和感受，此时一着不慎，便会失去用户。因此，我们必须拥有敏锐的洞察力，专注自己的细分领域，并不断地和用户进行深度的探讨，维护好用户，这样才能避免失去用户。

2. 打造价值：解决用户甚至社会问题

有了敏锐的洞察力，我们还需要学会体系化地打造我们的价值体系。我们要拥有全面打造价值体系的长期思维，锻炼自己的系统思考能力。同时，我们还要不断地更新自己的价值体系，以搭建价值覆盖矩阵，全方位地打造自己的个人品牌体系。

3. 保持持续性：做发展得最长远的个人 IP

持续性可以分为两个层面：个人层面和粉丝层面。在个人层面，我们需要持续输入、持续学习；在粉丝层面，我们需要持续输出、持续提供价值。大量输入是持续输出的前提，而持续输出则是粉丝能够长期关注、长期购买的一个关键。我们在持续输出的过程中，专业度、行业认可度、行业知名度等都会越来越高，用户也会更加愿意向他人推荐我们，如此我们便可以吸引更多的受，扩大影响力。

2.1.3　读书写作日更：以输出带动输入的高效学习方法

通过前面的介绍，我们知道了持续打造品牌的重要性。而持续打造顶级品牌的方法，就是保持写作输出甚至做到日更。当然，日更是我们的最高目标，也可以根据自己的实际情况进行调整。

妈妈应该都有想过或尝试过输出，但经常会担心自己输出的内容内涵不够、价值不高。在此，我给妈妈分享一些高效输出的技巧。

1．碎片化输出

碎片化输出是一种很轻松、自在的输出方式。如果你不知道如何下手，可以尝试去回答用户提出来的问题，针对问题，表达你的观点即可。

2．图形化展示

当我们学习了某个新知识，或者阅读了某本书时，可以把笔记和知识点以思维导图、PPT、视觉笔记等方式具象化地呈现出来。这样既能让他人更清晰地理解，又能让自己有逻辑地梳理所学、所感。

3．写正式文章

微信公众号是非常不错的输出平台，建议每个人都可以开通并尝试坚持更新。写作其实不仅是观点的输出，还是对自我的重新认识和建构。在写长篇文章时要求我们明确主题、梳理框架结构，这使得我们能够将散装思考构建成知识网络。

4．制作课程

制作课程要求我们在输出结构化文章的基础上，还要有整体编排大量文章内容的能力。我们可以简单地把课程看作系列文章或文集，一般 5～20 篇文章即可，甚至只用一篇文章也可以开展一堂微课。一般单次课程的时间为 30 分钟，大概需要三四千字的文章，比一篇微信公众号文章的篇幅略长，我们可以用一些故事或案例扩充内容。

2.2　个人 IP 商业模式：持续变现

陪伴孩子很重要，赚钱当然也很重要。当个人 IP 打造完成以后，商业转化、实现变现就是顺理成章的事了。目前，个人 IP 商业变现，已从单纯地依赖广告收入，发展到自创电商等多元化模式。个人 IP 商业模式有很多，但在极致才华商业化的基础上，我们可以通过卖产品、卖服务、卖广告来实现商业价值变现。

2.2.1　个人 IP 变现

打造了个人 IP 后，通过个人 IP 影响力，我们可以获得广泛、稳定的用户群体，通过不断地输出有价值的内容和产品来满足用户的需求。用户会对我们产生信任，从而产生购买行为，这也就实现了个人 IP 的变现。

从具体实践角度来说，可以通过软广、带团队出货、短视频挂产品带货、直播带货等形式变现。虽然展现形式不同，但底层逻辑都相似。建立信任→提供价值→"种草"产品→关单促单→维护及复购，以此形成 IP 变现闭环（见图 2-6）。所以，我们在选择货品时要非常慎重，就像投资，不仅着眼于短期利益，更要为自己的用户做选择，要始终保持对信任我们的粉丝朋友负责的心态。

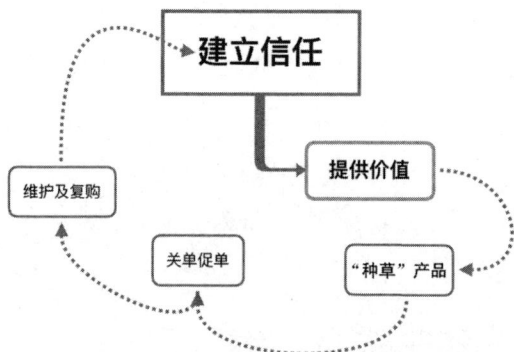

图 2-6　IP 变现闭环

从宏观角度来说，个人 IP 变现的方式有以下 3 种。

（1）卖影响。当我们有了一定的影响力之后，可以承接广告或做分销。

（2）卖服务。以个人为服务对象，我们可以提供个人咨询或社群服务；以企业为服务对象，我们可以提供能够解决企业痛点的服务方案，或者提供咨询服务。

（3）卖产品。一种方式是卖自己的产品，另一种方式则是通过代理的方式卖别人的产品。

在实现了个人 IP 变现之后，我们还要做好引流和转化。通过私域流量的运营，如对个人微信号、创业群等的运营，与粉丝、潜在用户建立长期的联系，提升粉丝的黏性和信任度，从而多方位、多角度地提升个人 IP 的影响力。

2.2.2　广告投放变现

在个人 IP 能够变现之后，根据用户画像匹配目标用户，可以精准投放广告、提高广告变现率。

在进行广告投放前，我们可以基于大数据来分析投放渠道。一方面，我们可以融合不同渠道的投放优势，升级现有的媒体渠道，打通媒体产品链，根据推广场景、用户分布，智能匹配流量和广告渠道投放比，得出最优效果的投放渠道策略。

另一方面，拓展更多的媒体投放渠道，洞察行业营销动态，通过大数据沉淀，不断丰富营销投放的媒体场景，使个人 IP 能够在不同属性的媒体上影响不同的用户，并且随着媒体传播矩阵的不断壮大，还会逐步覆盖、触达更多的目标用户。

在对投放渠道进行分析之后，我们可以按照以下 4 步进行广告投放，以实现广告变现。

第一步，侧重投放奖励式视频广告。

第二步，设计适当的广告观看奖励及用户流程。

第三步，测试和调整。测试可观察不同变量下不同人观看广告的情况，从而不断更新、调整广告策略，以找到最佳方案。可考虑测试的具体变量有广告位置、留存率、国家/地区、动画效果、展示频次、广告缓存、目标价格和竞价。

第四步，思考用户流程。可以插入广告的位置有很多，具体视产品的类型而定。

2.2.3　矩阵变现

矩阵本来是一个数学概念，指一个长方形阵列的复数和实数集合。但在新媒体行业，我们倾向于将它定义为可以触达目标群体的多种新媒体途径的组合。我们要建立自己的矩阵，即全方位地打造自己的个人 IP 体系。

新媒体矩阵有很多种方式，具体来说，就是以一个平台或一个账号为大本营，同时扩展其他平台或账号。例如，我现在拥有公众号、微博、知识星球、微信群等，我将一个平台的粉丝导流到另一个平台上，这样粉丝就可以享受到更多不同类型的服务了。

在育儿领域，我们熟悉的账号有年糕妈妈、小小包麻麻、三个妈妈六个娃，以及一些儿科医生的 MCN 联盟等，通常的操作方式是先把一个账号做大，然后多个账号谈合作、收购、互推，从而进行更高效的商业化运作。

平台矩阵的原理和多账号矩阵操作是一样的，我们制作完成一个作品后，就可以将作品同步到各大平台，充分利用平台矩阵，吸引粉丝，以便更好地为线下引流或实现变现。

矩阵的优点在于当某一个平台出现问题时，从宏观层面来看，它只是广大矩阵中的一环，不会对其他平台产生较大的影响，也不会影响矩阵的稳定性，这样我们还可以依靠其他平台实现变现。

当我们做到了有一定影响力的程度时，可以让自己的认知提升，并思考如何通过合作共赢的方式来扩大影响力。

2.3 多平台运营：打造流量及转化的闭环

在互联网时代，人人都有流量焦虑，而且流量红利期变幻莫测，让我们摸不透其发展方向。解决这个问题最简单的方法是多平台同时运营，打造新媒体矩阵下的私域流量池，快速实现流量与转化的闭环。首先，运营主平台优先选择微信流量生态圈下的产品，图文、视频和直播类产品均可，如个人微信号、企业微信号、公众号、视频号等；其次，选择公域流量池长期运营，注意导流与直接转化，我推荐的平台有知乎、B 站、小红书和抖音；最后，紧随时代发展趋势，多样化运营私域流量池，寻需求、挖痛点，多维度触达用户，实现流量与转化的闭环。

在本节开始细分拆解前，我们先强调一个自媒体时代的重要概念——"全网同号"。顾名思义，"全网同号"是指我们在各个平台的账号名称一致、IP 一致，这样有利于我们的粉丝在各个平台上快速找到我们，实现多平台账号互通、公域流量转私域流量的闭环。

2.3.1 借助微信流量生态圈，打造私域"老带新"运营体系

微信是大家比较熟悉的即时通信工具，是当前国内注册用户数量最多的平台之一，其本身的流量也是巨大的。对于企业和个人来说，他们最关心的是如何低成本获客并快速转化，而"拉新"的质量又决定了

成单率，由此可见精准获客的重要性。

1. 流量端"种子"用户储备

对于任何品牌来讲，流量获取都是重中之重，其核心要素是找到启动"老带新"的"种子"用户。按照获客渠道的 3 种类型，我们把渠道划分成口碑渠道、有机渠道和付费渠道。

（1）口碑渠道：社交媒体（微信、微博、QQ）、亲朋好友推荐、社群推荐等。

（2）有机渠道（有自然流量的渠道）：SEO（搜索引擎优化）、问答平台（如知乎）、QQ 群搜索、论坛、贴吧、EDM（电子邮件营销）、投稿等。

（3）付费渠道：SEM（搜索引擎营销）、广点通、粉丝通、赞助等。

近悦远来，适合每个从 0 到 1 做起的妈妈。服务好每位用户，让用户都有超值的体验，他们也会有不断邀约新朋友进入群体的动力。如果再加以一定的利益和热爱驱动，这种口碑效应就会持续放大。

口碑渠道和有机渠道的特点为见效较慢、需要长期坚持、难以实现暴发式增长，但长期来看具有很强的复利效应。在产品初期，我们需要快速打通市场并实现盈利，故需要通过付费渠道打通"任督二脉"，快速获得大量"老用户"。

用户"拉新"的常见方法是公域平台投放和微信承接裂变。在公域流量池投放，并将这部分流量沉淀到公众号和微信群中，如知乎某软文"英语课程 0 元学"就是利用免费策略将用户按照固定"拉新"路径导入指定私域流量池，一般来说，固定的"拉新"路径为"关注公众号→添加企业微信号→进群"。

在获得启动流量之后，我们可以快速植入新用户裂变机制。在设计的流量获取流程环节中，我们便可以直接发起裂变。但需要注意的是，我们发起的裂变活动要高频、高效、有计划，且能反复触达原始流量用户，也能逐步打消用户疑虑，如用户首次关注公众号后要在 48 小时内实现转化、用户进入微信群后要在 5 日内实现转化。

我们要精细化地设计新用户"拉新"裂变路径，通过公众号、微信群、小程序沉淀用户，层层筛选用户，并提升留存用户的信任度与好感度，从而为私域流量池"老带新"做好精准流量储备。

2．高品质产品捆绑分享机制

经过第一轮用户筛选后，我们会储备大量的活跃用户。在启动运营前，我们需要准备好高品质产品。那些具有品牌代表性、高性价比的产品，能让用户快速了解产品和服务，并对产品有一定的好感，从而提升品牌与用户黏性。换句话说，这类产品既可以创造新用户与品牌之间的连接，也可以增强用户对产品的信任。

在互联网时代，常见的可捆绑分享的表现形式有打卡、拼团和分销。

首先，打卡是一种社群"促活"的方式。很多活动组织方，通过打卡衍生出各类"拉新"活动，如颁发荣誉勋章、分享补卡、组团 PK 等，这类打卡活动很容易结合产品推行开来，如推出"7 天妈妈理财小白营"，每日输出图文或音频/视频，要求用户在学完课程后完成 3 道简单的问答题，这样才算打卡成功。而坚持每天打卡并分享到微信朋友圈的用户，可以领取高价值的奖品。

其次，拼团。通常情况下，拼团成交有两种设计思路：第一种，在高品质产品服务的中后端，直接发起"低价团购"，如大众点评的团购促销模式；第二种，在高品质产品服务的末端，在社群内发起"促销拼团"（经常使用高价促销产品），如"闺蜜同行享 5 折"。宣传文案突出限时、限量的特点，还可以让内部人员在私域流量中带动气氛，这种利用"从众心理""稀缺效应"的活动会大大减少用户决策的时间，刺激用户消费。

最后，分销。在高品质产品服务的末端，发起"推荐有礼"活动，推荐产品给朋友会得奖励，奖励内容可以是实物也可以是金钱。为了提升效果，建议大家设置阶梯式奖励。

3. 留存端用户引导"拉新"

进入留存端后，平台的核心运营策略为长期分层回流。分层的目的是针对不同类型、不同痛点的用户提供更加精准的服务，发起有针对性的裂变活动，从而更加有效地击中用户痛点，刺激转化。对比来看，留存端的裂变活动的特点是精细化分群需求定位精准、刚需精准匹配度高、流量质量高、运营时间长；而流量端的裂变活动的特点是精细化分群需求广泛、刚需精准匹配度相对较低、流量质量低、运营时间相对较短。

4. 付费用户转介绍

转介绍的本质是一种"拉新"活动，有的公司甚至会包装成产品，长期推广，并借助运营策略和手段触达所有付费用户。转介绍包含两个部分："促老"和"带新"。

"促老"是将活动触达老用户，并激活。老用户社群运营成本低，触达效果好，这也是我们要做转介绍的原因之一，具体可以按以下4个步骤来实施。

（1）常规运营：保持老用户社群基本活跃度。

（2）转介绍活动策划与推广：策划有吸引力的转介绍活动，并举办直播说明会，讲解活动亮点。

（3）宣传材料准备：提供个性化的海报和文案等材料，配合老用户宣传转发。

（4）建立荣誉体系和竞赛机制：以活跃用户带头，最大限度地调动老用户转介绍的积极性。

"带新"是指我们可以通过策划有吸引力的活动，刺激老用户有效"带新"。转介绍带来的新用户需要经过筛选、试听、诊断等一系列操作才能转化成功。为了提高转介绍的用户质量，我们在统计转介绍的新用户数量时需要制定筛选标准，如非目标用户群体不能纳入统计。另外，我们在设计转介绍方案时，需要根据用户行为制定覆盖面更广的多维度奖励方案。

2.3.2　微信流量生态圈下的黄金组合玩法

私域流量已经成为众多企业营销的破局点，在流量越来越珍贵的时代，很多人都陷入了流量增长的焦虑中，越来越多的人开始重视用户留存与裂变，但微信私域流量运营仍然是重中之重。未来在微信私域流量运营中，如何组合才能保证流量增长与转化的效益最大化呢？在个人微信营销监管的体制下，微信的用户管理功能越来越完善，布局微信私域流量运营是大势所趋。那么，在微信私域流量运营中有哪些黄金组合玩法呢？

1. 服务号+订阅号

服务号的功能性较强，但是一个月只能推送 4 次内容，无法满足我们对于内容转化的需求，因此我们可以采取功能性账号与内容型账号同时运营的方式，即服务号+订阅号。

2. 订阅号+个人微信号/企业微信号+视频号

订阅号中有很多营销号和个人原创号，通过订阅号与微信号之间的流量互转，可以实现随时随地触达用户和内容的沉淀。而量级较小的订阅号可以依靠个人号将内容转发到微信群或微信朋友圈来提高阅读量。视频号是近几年兴起的高黏性内容呈现方式，不仅可以有短视频高效呈现，还有直播可以增强黏性、促进传播。

3. 服务号+企业微信号/个人微信号

服务号是功能性账号，与用户之间的内容互动性较弱，通常服务号的"涨粉"是靠功能性产品来实现的，而用户需要实时的消息通知，一旦不再需要消息通知，取消关注的可能性是非常大的，而微信号可以弥补服务号这方面的不足。

4. 订阅号+小程序

小程序是一个极其方便，且具有变现能力的工具，用户无须下载App 就能直接通过微信调取接口获得自己感兴趣的信息。小程序的通知功能很弱，结合订阅号的消息接口，可以互相弥补自身的不足。

5. 个人微信号+小程序

个人微信号在拥有了大量的流量后，就可以通过小程序来进行用户管理或销售产品了，如舞蹈中心的约课小程序、微商的微店等。

除了以上组合，还有"公众号+视频号+个人微信号""视频号+公众号+微信群+个人微信号"等组合方式。视频号依赖于微信，更适合有直播运营需求的主体，可以提高粉丝黏性、促进成交。

2.3.3 直播运营：如何策划一场"高人气"的直播

随着互联网时代的快速发展，直播俨然已经成为时代潮流。很多人都想模仿，想在直播红利中分一杯羹。但是，一场"高人气"的直播背后其实蕴含了很多努力和充分的准备。

1．直播间的布置：如何打造自己的直播间

人们都喜欢欣赏美好的事物，精致的直播间一定比"脏乱差"的直播间更受欢迎。直播间的布置主要包括灯光、背景墙、背景音乐、直播设备等，各个细节的配合要恰到好处，这样才能让观看直播的观众感到舒心。

2．直播内容策划：确定直播间玩法

首先，明确直播目的与直播目标，如果直播是为了赚钱，就专注于提高粉丝数量、在线观看人数和成交额；其次，策划与直播账号定位相关的内容，如果是美妆类账号，可以持续输出化妆技巧、化妆品推荐等内容；再次，做好选品和选品分析，确认主产品的推广形式；最后，确定直播间的活动，常见的活动有发放优惠券、PK/连麦、抽奖、发红包等。

3．了解直播带货的产品信息

在直播开始前，直播团队尤其是主播需要熟知本场直播的品牌及产品的相关信息，包括产品的基础信息、品牌方背景、产品作用、产品测试、产品卖点、优惠机制等。

4．直播脚本策划

直播脚本策划即直播流程策划，提前确定每一个直播流程，包括时间、地点、产品数量、主播、宣传文案、预告文案、直播场控、直播流程（分时间段）、人员分工等。制作脚本时有以下 3 个注意事项：① 安排好整场直播带货的产品顺序，注意每个产品之间的衔接；② 规划直播流程、直播节奏，合理安排和分配各个产品的讲解时间；③ 整理直

播带货台本，包括测品感受、产品卖点、产品信息、直播脚本等内容。

5. 安排角色分工

一场直播一般需要统筹、导播、主播、运营 4 个角色分工。统筹负责选品、整理产品资料、制定优惠政策、安排直播档期和人员、规划脚本流程等；导播负责布置直播间、推送直播消息、调节直播间灯光、切换直播音效、提醒主播的站位与角度，并配合主播操作其他设备等；主播负责讲解产品功能、产品卖点，展示产品效果，调动直播间氛围，以及调动观众积极性，促进成交；运营负责产品上架、用户答疑、活动推送等。

6. 宣传、预热

直播前预热可以吸引更多的粉丝进入直播间，既能将这部分粉丝聚集起来，也可以让粉丝提前预留出时间来观看直播。宣传方式包括图文预热、短视频预热。

7. 直播封面和直播标题的设置

封面和标题是吸引粉丝进入直播间的第一要素，封面不合适将直接影响带货曝光量。封面要突出主题、减少留白区域、选择真人搭配产品合照；标题要展现直播亮点、明确活动特点，并且标题长度最好控制在 12 个字以内，注意规避极限词。

8. 直播前的测试

在正式开始直播前，还需要进行测试，如直播光线调整、镜头对焦和曝光、美颜和补光灯设置、横屏和公告发布、直播信号测试，以确保直播过程流畅。

9. 直播中的营销

在直播时，主播对直播效果会产生直接的影响。主播要把控直播节奏，掌握互动技巧，做好直播营销。例如，在有新粉丝加入时，进行欢迎与引导。

10. 直播后的复盘

在直播结束后，我们还需要进行直播数据复盘，以了解本场直播工作的开展情况、整体数据表现、不足之处等。一般来说，直播复盘有以下 4 个步骤：直播回顾、数据分析、直播间优化、粉丝需求反馈。

直播是一种能快速建立接近面对面信任感和影响力的传播方式，如果能通过持续输出来建立和用户的关系，既有利于增加用户黏性，又有利于出单促销，贵不在多，贵在坚持。

2.3.4　借助小红书，吸引精准客源

小红书成为当下热门的新媒体平台，拥有广大的粉丝流量，其内容质量很高，提倡原创。很多人认为自己没有能力运营小红书账号，其实运营小红书账号不需要我们拥有多么好的文笔，只需要我们顺应市场、敬畏用户、找准用户痛点、输出他们想看的内容即可。我们可以从账号、内容两个方面入手，借助小红书，吸引精准客源。

1. 账号

关于账号方面，有以下 3 个注意事项。

（1）账号定位。定位越垂直，粉丝越精准，流量就越多。一个定位精准的账号，决定了吸引的用户人群类型、涨粉速度，以及引流效果。

进行账号定位可以从这 3 个问题展开：我是谁？我能提供什么内容？我和别人有什么不同？解决了这 3 个问题，也就能找准账号的定位了。

（2）账号设置。设置账号的头像、昵称、个人简介，提升账号的辨识度。但需要注意的是，头像不要用职业照、风景照；昵称的设置可以遵循以下方式：昵称+领域、昵称+职业、昵称+地域等，这样的昵称设置比较利于记忆，可以让用户直接了解账号的主要内容；个人简介只需要向用户传达两个信息："我"很出色、"我"很特别，给足用户关注的理由。

（3）提高账号权重。账号的注册时间越长越好，最短的"养号"周期为 15 日。在小红书 App "我"→"创作中心"中，按照官方指示发布内容或加入官方扶持计划，可以较快提升账号等级。此外，要多进行转发、评论、点赞等互动，以提高账号的活跃度。

2．内容

在内容方面，我们需要注意以下 3 点。

（1）确定一个爆款选题。我们可以用热点话题选题法（"蹭热点"，但是需要注意新闻的时效性）、高赞评论选题法（筛选同行热门笔记里的热评，寻找用户痛点）、日历选题法（盘点每年的热门节日）。

（2）确定一个有吸引力的标题。有吸引力的标题可分为以下几类：数字类、对号入座类、人称代入类、对比类、制造悬念类、故事场景类、干货类、痛点+解决方法类。

（3）重视正文。正文开头部分需要强化标题信息，引导用户继续阅读；正文中间部分需要有足够丰富的内容，条理清晰；正文结尾部分号召互动、@官方或打上热门标签。

小红书作为高消费力成长型新人聚集的平台，值得运营者用心下功夫认真运营。同时，小红书也非常支持新人的成长，只要他们持之以恒保持账号高质量和一定频率的更新，一定会发展得很好。

2.3.5 用知乎引流

知乎致力于构建一个人人都可以分享知识的共享网络，其用户主要集中在一线城市，且年轻用户居多。这类用户的购买力相对较强，通常情况下从知乎引流出去的用户转化率较高。因此，我们要学会运营知乎账号，促成引流转化。

1."养号"技巧

在知乎上，每一个注册用户都有等级，每一次操作都将影响其等级值，知乎的内容展示与个人等级值是有直接关联的，如我们看到的知乎问答是按照赞同票数进行排序的，票数相同的按照个人等级值排序，同时会隐藏无效答案。我们可以理解为每一个知乎账号是有权重的，而账号权重与账号注册时间、关注人数、回答问题质量息息相关，高权重账号所发布的文章容易被知乎官方收录，这样的账号引流效果非常好。因此，新号入驻知乎需要"养号"，方法如下。

（1）完善知乎个人资料，昵称、头像和个人简介一定不要设置广告。

（2）积极参与他人邀请问答，多回答相同领域的问题。

（3）多领取徽章能提高账号权重。

（4）每天利用30分钟进行阅读、点赞、评论，推荐阅读同领域的内容，一定要真实阅读，不建议打开文章后直接进行转赞评等操作。

2. 引流

当账号的权重较高时，我们就可以选取以下方法进行引流。

（1）IP 形象引流法。在知乎上运营个人账号容易获得流量，而营销与商业化痕迹较轻的 IP 形象，会让用户认为"你是一个真实的人，是来分享干货的，而不是来发硬广告的"。IP 形象引流可以通过对头像、昵称、个人简介的设置来实现，如在个人简介中展示自己的微信公众号。

（2）垂直内容引流法。在输出垂直内容时需要我们持续地思考：产品是面向哪些用户群体的？此类用户的痛点是什么？同行是怎么做的？通过解决这些问题，我们就能建立垂直的内容体系，从而更好地引流。例如，建立育儿、妈妈、儿童绘本、早教等母婴类垂直内容体系，促进引流。

（3）爆款内容引流法。当新手进入陌生领域时，最快打造爆款内容的方式就是复制成功案例，虽然爆款内容千变万化，但核心结构如出一辙。需要注意的是知乎的内容体系与微信、头条等平台不一样，直接搬运其他平台的爆款内容不一定能成功，最好的方法就是拆解知乎高赞内容结构，仔细钻研其开头、正文、结尾、排版的特点。

（4）"知+"引流法。"知+"是知乎内容服务的解决方案，致力于为不同需求的企业和个人提供完整的内容解决方案。通过筛选与自身行业相关的优质内容，从中植入软广告，利用"知+"引导用户点击，能直接跳转到淘宝网、微信小程序等，从而产生转化。

对于想建立专业度但没时间生产流量型内容的妈妈，知乎是一个非常好的阵地，本着利他的心态生产助人解惑的内容，也可以用"全网同号"的方式引流到其他平台。

2.3.6 新人 UP 主如何运营一个 B 站账号

B 站是国内最大的 PUGC（专业用户生产内容）平台，其最初的定位是 ACG（动画、漫画、游戏）。B 站自称"Z 世代乐园"（Z 世代是指 1995—2009 年间出生的一代人），致力于打造"中国 YouTuBe"。当前，B 站正处于流量红利期，其用户规模增长速度快、营销信息密度低，且用户活跃度高，正式会员年留存率超过 80%。因此，我们可以紧抓 B 站发展的红利，尝试运营自己的 B 站账号，以获取流量。运营 B 站账号的具体操作步骤如下。

1. 账号基础设置

第一步，创建账号，找准定位，打造人设。账号定位不仅要选择内容领域，同样也要选择用户群体，这既能获取精准粉丝，还有利于促使平台给予流量推荐。如果不确定如何找准账号定位，可以对标同行 UP 主，分析同行不同类 UP 主的粉丝基础、发布内容、粉丝回应程度等，找出同类账号的用户痛点，并结合个人特点确定账号的内容方向。

第二步，账号"转正"。注册账号后，答题才能成为正式会员。

第三步，设置账号 ID，账号 ID 需要具有个人特色。

第四步，设置头像。头像也需要具有明显的个人特色，这样既容易让用户记住你，也容易形成 IP 标识。

2. 重视内容创作

视频的封面、标题都很重要，因为这些是吸引用户点击并关注的核心要素。视频的封面要做到风格统一、内容精简；视频的标题需要控制在 20 字以内。

在信息爆炸的时代，人们对热点的关注度高，但内容尚未饱和。即便同样的话题，人们对此依旧乐此不疲，这时我们只需要换个角度解读热点，创造内容的新颖度，即可获得流量。

除了封面、标题、话题，合适的视频制作形式也很重要。视频结构一般为"总+分+总+预告"的形式。视频开头要简短有力，时间不超过 2 分钟，突出本次视频内容的重点即可；视频中要有足够的干货内容；在视频末尾要进行简单的总结并预告下期分享的内容。

3. 常规运营

常规运营有以下两点注意事项。

（1）视频发布时间。内容产出有周期性、内容发布有规律性，这些都可以增强用户黏性。由于 B 站用户多为 25 岁以下的"Z 世代"用户，而"Z 世代"又以学生群体为主，这类人群的空闲时间集中在周五晚上和周末，故视频更新时间推荐为周五晚上至周末。需注意 B 站视频审核时间为 0.5～2 小时，如果固定时间更新视频，则需要预留 2 小时的视频审核时间。

（2）流量的获取。我们要明白流量的计算方式：总流量=搜索流量+推荐流量+其他导流方式的流量，而视频的流量来源主要为站内搜索和站内推荐。站内搜索是用户意图的主动表达，关键词搜索量高即代表关键词热度高。我们可以通过加强互动、与其他 UP 主合作、评论视频、进行二次评论等方法来提高曝光量，以获取流量。

4. 引流

我们可以通过以下 4 种方式来实现引流。

（1）视频广告。首先要提高视频内容的质量，靠内容引流，然后可以在视频中插播广告。

（2）弹幕广告。B 站的弹幕文化极具特点，看视频的用户大多都会看弹幕，我们可以在同类视频中发布弹幕小广告。

（3）评论区广告。用其他账号在热门视频的留言区导流，可以选择自己的热门视频，也可以选择比较有知名度的 UP 主发布的视频。但需要注意：操作时请考虑主场氛围，适度即可，过于明显的话有伤品牌影响力。

（4）视频专栏。可以进行平台专栏投稿，专栏流量足够精准，但是平台对视频内容要求高。

5. 粉丝维护

粉丝维护非常重要，对于依靠流量赚钱的 UP 主来说，粉丝就是他们的"衣食父母"。有效的粉丝维护带来的价值非常可观，如提高视频流量、曝光量，提高产品直观收益等。在此，我推荐几种维护粉丝的方法。

（1）搭建粉丝群。UP 主可以在粉丝群里发布视频或直播内容，引导粉丝及时观看，促使流量曝光，以获得下一个阶段的流量推送。粉丝群是 UP 主与粉丝沟通的平台，当 UP 主没有创作灵感的时候，粉丝或许可以为其提供很好的创作源泉。

（2）定时直播。直播既能使 UP 主与粉丝"面对面"交流，产生粉丝经济，又能增加账号的曝光率，获取流量。

（3）设立粉丝勋章。荣誉机制是 UP 主凝聚力的体现，既能给予粉丝使命感，又能提升粉丝的忠诚度。

B 站是优质内容的聚集地，在传统平台的基础上，及时开启和年轻一代同频的内容创作与互动，也是让人眼前一亮的成长方式和灵感来源。

另外，制作横屏短视频可以同步的平台有 B 站、西瓜视频、优酷、腾讯视频、爱奇艺；制作竖屏视频可以同步的平台有视频号、抖音、小红书、快手。我们在多平台运营的时候，只需要多一点儿发布和互动的时间，就可以增加多平台的曝光率。

实 例 专 访

百万名粉丝博主"大 V"北欧三宝妈：如何打造个人 IP

飞妈是来自瑞典西海岸的三宝妈妈，毕业于卡罗林斯卡学院（瑞典著名的医学院），精通三国语言，她还是挪威使馆商业意见领袖。她的标签有百万名粉丝公众号"北欧三宝妈"创始人及运营者、瑞典卡罗林斯卡学院毕业、医学"成分党"等。

"真性情""豪爽""敢闯敢做"都是飞妈的关键词，不论是阅读她的文章，还是与她聊天，就算隔着屏幕，都让人有一种强烈的亲切感。

运营公众号的初心

在我们的生活中，很多事情都是机缘巧合的。当年，飞妈并不是一开始就打定主意要运营公众号的，后来她运营公众号可能与她的教育背景密切相关。在国内时，飞妈学的专业是社会学，她在学习过程中研究了人和群体之间的关系。到了国外，她又攻读了口腔医学并接触了心理学，自此之后她就将心理学和医学两个角度相结合来审视人。

有一段时间，飞妈一边在医学院上学，一边接触临床病人。所以，她经常需要查阅一些专业资料，这些资料有的是医学院提供的，有的是国内相关公众号上搜到的，阅读、比较之后，她发现二者的信息有很多出入。

这些有信息差的地方，其实就是可以提供价值的地方，正好飞妈又有得天独厚的条件，她就试着通过自己的学习和认知，把这些信息差都整理出来，提供给有需要的人。同时，这样也可以吸引一群志同道合的人。因此，她决定开始运营公众号。

在确定了要做这件事后，飞妈就迅速展开了行动。飞妈的原则是"大道至简"，她先制订了一个比较简单的计划：每周更新一篇文章，坚持 3 个月。然后她进行了资料整理，一鼓作气准备了 10 多篇文章，这样一来，即便中途她没有灵感，也有备选方案，心理压力不会那么大，更容易坚持下去。

创作灵感从哪里来

当时她在医学院学习。当遇到问题时，她总会去想解决问题的办法，所以就会去查阅很多资料。在不断学习和积累的过程中，她就产生了很多灵感。因此，创作灵感来自学习的内容。

在飞妈毕业了以后，所处的环境变了，没有了医学院的环境，每天跟孩子相处的时间多了。在带孩子的过程中，她也会遇到很多困惑。所以，飞妈一直坚持学习，在遇到问题时先去查阅医学网站、医学文献，再结合生活，把那些枯燥、难懂的医学知识变成通俗易懂的文字，用她的话来说就是"进行讲人话的医学科普"。

给做副业的妈妈一些小建议

作为全职妈妈，要同时兼顾家庭和自己的工作，其实是很困难的。飞妈结合自己的实操经验，有两点想分享给各位妈妈。

（1）现在的副业项目有很多，大家在选择的时候要谨慎，那种需要投入很多钱的项目要慎重考虑。除此之外，就可以多做一些尝试，当我们选定了一个方向后，剩下的就是埋头苦干。当然，在干的过程中，还是要学会找方法、找策略的。在心态上面，不要老想着这是副业，很多事情都不确定，其实有可能做着做着副业就成了主业，成了自己的出路。

（2）在选择项目的时候，要选择一个靠谱的领头人。一个人走得快，但一群人走得远，有了靠谱的团队，剩下的就是坚持去做。就像飞妈运营公众号一样，从 2016 年开始，到现在也有好几年的时间了，粉丝也是靠时间积淀出来的。只要坚持做正确的事情，就一定会有一个好的结果。

风风火火做自己热爱的事情

飞妈很喜欢忙碌的状态，那种风风火火去开拓生活的感觉让她很痛快。2020 年，她在国内的时候，天天忙着开会，见品牌方、生产商，跟他们洽谈合作的事宜。

回到瑞典以后，她需要抽出大部分的时间来照顾、陪伴孩子。飞妈说虽然她很爱孩子，但她并不是一个喜欢带孩子的妈妈，她觉得遵循"二八法则"特别好，用 20% 的时间来陪伴孩子，做到高质量的陪伴，剩下 80% 的时间，用于做自己热爱的事情，如她现在的主要任务就是把公众号运营好。

如何面对那些不喜欢你的人

很多做副业的妈妈特别害怕别人不喜欢自己，也不敢在朋友圈发布广告，担心别人将自己屏蔽或拉黑。其实，这些害怕、担心都是没有必要的。因为在生活中，凡事都有两面性，我们确实不能保证所有的人都喜欢我们，我们唯一能做的就是坦然接受。

飞妈的公众号有很多粉丝，其中就有一部分粉丝不喜欢她，这些粉丝还经常在某些讨论中否定她。曾经，飞妈也感到沮丧、苦恼，后来，她发现那些粉丝其实并不是讨厌她这个人，只是不认同她的观点罢了。在心理学上有一个认识行为疗法，就是你先接受这个事实，再来分析其背后的原因。最后，她会把这些信息进行分类处理，也明白别人不认同的是某个观点，而非她这个人，所以她能始终保持一种精神饱满的状态。

关于自媒体平台路线的未来梦想

任何人，在做任何工作、任何事情时，都会有一个疲惫期。在疲惫期，我们要给自己一点儿刺激感。

在飞妈的规划中，她希望她的公众号未来还可以"爆粉"，但这肯定需要长期的积累和坚持，可能是三五年，也可能是更长的时间。短期内，她希望能够参与一个品牌的建设。

最后，飞妈想送给各位妈妈一句话："凡事发生必有利于我。"这也是她的座右铭。

第 3 章

活动运营：行动起来才有可能

在了解了如何打造个人 IP、流量转化及变现的相关内容后，本章主要介绍活动运营、线上活动及线下活动。

3.1 活动运营

活动是维系用户与我们关系最好的方式之一，活动对于深化个人 IP 在用户心中的印象非常重要，用户可以在活动中和我们建立更深厚的关系和更强的联系。本节将从一些细节展开，详述活动运营的相关内容。

3.1.1 从 0 到 1 策划一场裂变增长活动

下面我将从活动目的、用户需求等方面展开，向大家展示一场完整的裂变增长活动是如何策划的。在掌握了关键的底层逻辑和策划流程之后，你就可以将其复用在育儿群、妈妈群的裂变增长活动中。

1. 明确活动目的

当我们想要策划一场活动时，应该先明确我们发起这场活动的目的。例如，是为了给刚刚创建的育儿群"拉新"、给最近沉寂的母婴群"促活"，还是实现亲子绘本群的变现。在开展活动前，只有明确活动目的，才能事半功倍。

如果活动的目的是给育儿群"拉新"，那么核心就是设计好活动物料。一般来说，好的活动物料具有 3 个特点：实用、通用、低成本。例如，儿童绘本具有实用性，玩偶具有通用性，电子版育儿资料具有低成本的特点。但是，我们需要注意的是，物料的选择一定要和活动的参与群体相关，如在开展亲子绘本阅读活动时以职称教材作为物料就不合适，职称教材与亲子绘本活动主题也不相关。

如果是为了给沉寂的母婴群"促活"，我们首先要给母婴群里的妈妈分层，不同层级的妈妈，对应不同的福利；其次，将层级外显，如制作周消费排行榜单，消费金额排在前 3 名的妈妈会获得奖励，也可在她们的允许下公开她们的照片，让母婴群内所有的成员都能看到。

如果是为了实现亲子绘本群的变现，那么需要在活动的每个流程都植入产品信息和跳转平台支付的链接，引导妈妈随时下单购买。

2. 找准妈妈的需求

一场成功的裂变增长活动，一定能够满足大部分妈妈的需求，只有找准了妈妈的需求，她们才会主动地参与活动，并且自发地宣传活动。

找准妈妈的需求，首先要构建用户画像。在构建用户画像时，只掌握妈妈的年龄、地域这些信息是远远不够的，还要了解妈妈在实际应用场景的真实想法，如购买偏好、关注点、参与活动的积极性或可能遇到的阻碍。只有构建了准确、完备的用户画像，我们才能根据妈妈的属性去确定我们活动的主题、方式和时间。

在构建了用户画像之后，我们需要掌握以下 3 种找准妈妈的需求的方法。

（1）竞品调研。我们可以从网上的公开信息找到竞品，分析有关竞品的近期营销活动、妈妈对其活动的认可度等。

（2）平台调研。我们可以多从社群、微博、抖音、B 站、小红书等妈妈群体经常涉足的平台上了解妈妈讨论的内容，以此来判断妈妈的需求。

（3）用户调研。我们可以设计一份有针对性的调查问卷，融合多媒体平台渠道，尽可能地覆盖更多的妈妈，让妈妈填写调查问卷，以了解妈妈的哪些需求未被满足。然后针对这些未被满足的需求策划活动。

3. 活动玩法保持创新

如果活动的形式、内容一成不变，那么妈妈也会因为失去新鲜感而不再参与。因此，如何不断地组织具有创新玩法的活动，让妈妈持续地在活动中获得新鲜感，也是我们需要重点思考的问题。

关于活动创新玩法的设计，我们可以从以下几点进行考虑。

（1）该活动是否符合家庭成员的习惯或规律？例如，活动时间是否符合家庭成员的作息规律？

（2）活动的路径是否简单、明了？如果活动路径过于复杂，那么妈妈就会很容易放弃。

（3）活动是否有及时的反馈？是否有相应的机制保证妈妈的回复可以得到及时的回应？

（4）奖励是否及时发放？奖品是实物还是奖金？

（5）活动链接是否便于妈妈分享？因为活动分享的便捷性影响妈妈的转发意愿，转发越多，越能实现裂变增长。

4. 准备活动预案

为了确保活动能够顺利地开展，在活动正式开始前，我们需要以妈妈的身份完整地体验整个活动，从中"挑毛病"。把我们在这个过程中遇到的问题都记录下来，并针对问题准备相应的预案。

在时间充裕的情况下，在团队内部收集活动中可能出现的问题：如链接被封怎么办？妈妈在活动过程中流失严重怎么办？参与的妈妈人数低于预期怎么办？问题列得越多，预案准备得越充分，活动成功率就会越高。

5. MVP 测试

MVP 测试，就是用最小的成本验证核心策略、核心设计能否支撑目标达成，从而降低风险，消除不确定性。

当我们投入大量的资源、精力去大面积地推广活动时，如果妈妈们不感兴趣、活动的收效甚微，那可谓白费功夫，也直接宣告了活动的失败。而 MVP 测试就可以帮助我们将损失控制在最小，甚至可以规避风险。

在活动正式推广前，我们可以先将活动投放给一批合适的妈妈进行测试，根据结果数据反馈，调整活动方案。我们要着重了解这些问题：妈妈是否了解活动路径？物料是否具有吸引力？哪张海报数据效果最显著？哪个环节用户流失率最高？后台数据有异常吗？在整个活动过程中妈妈遇到了哪些问题？最后的结果数据是否符合预期的假设？每次测试都要有数据记录，以便于及时对比和调整活动方案。

当整个 MVP 测试经过多次调整后的数据都符合目标预期时，我们就可以大面积地投入推广，这样活动失败的概率也会小一些。

6. 活动宣传

活动宣传分为预热期、正式上线和收尾期。

预热期一般为活动开始的前一周。在预热期，我们可以视活动的规模和内容，为活动进行有针对性的预热宣传。在宣传时，可以稍加"剧透"，引起妈妈的好奇心，如提前透露活动中的奖品等。如果可以邀请母婴/教育博主"大V"一起预热造势，那么活动宣传的效果会更好。

活动正式上线的时候就需要调动全部资源一齐发力，除公司内、外部的所有渠道之外，还可以邀请母婴/教育博主"大 V"在各大社交媒体平台同一时间集中发布活动，形成刷屏的效果，以此来提升活动话题的热度，吸引更多的妈妈参加活动，实现最大程度的裂变。

在活动进行的过程中，还要继续保持在朋友圈、微博、抖音、小红书等平台上对活动进行曝光，以吸引更多正在观望的妈妈参与进来。

在活动收尾期，要将活动成果外化，如展示活动中取得的成果、让一部分妈妈谈一谈她们在活动中的收获等，再次转化一批仍在观望的妈妈。同时，一个好的收尾期还可以为下次活动做铺垫。

3.1.2　19 种吸睛标题的写法

标题是否吸引人，对于活动文案的点击率和阅读量起着至关重要的作用。一个成功的标题中必须具备关键字。关键字一方面是由文章体现的主题提炼出来的，另一方面也是根据目标群体的搜索习惯总结出来的。将关键字放置于标题中，目标群体在使用搜索引擎进行习惯性搜索时有很大概率会搜索到这些关键字，这就大大增加了活动被关注的概率。在这里，列出了 19 种具体的标题写法，以供各位妈妈借鉴。

1. 在标题里提出疑问

在为文章取标题时，可以制造一定的悬念，以引起人们的观看欲望。提问是一种最快的激起用户求知欲的方式，在现实中，提问式标题很常见。例如，"为什么孩子越大越不愿意和你交流"。

2. 结合热点

热点事件有很高的关注度和点击率，结合热点创作标题是明智之举。热点一般分两类：名人热点和社会新闻热点。但是需要注意的是，无论是名人热点，还是社会新闻热点，一般都具有较大的社会影响力，因此我们在"蹭热点"的时候，要把握好力度，不能对名人诋毁、造谣，也不能对社会热点新闻发表任何揣测、推断等非事实性信息。

3. 学会使用标点符号

一般来说，标题不使用标点符号。但有的标题为了突出情绪、强调意图、传递画面感等，会使用标点符号或其他特殊符号。例如，"'再不听话我就走了！'妈妈吓唬 5 岁孩子，结果……"在这一标题中，就使用了逗号、感叹号和省略号。

4. 传递新消息

运用"新推出""引进""宣布"等词语，传递新消息。例如，"新推出的'双减'政策，给妈妈在辅导孩子方面带来什么新的挑战"。

5. 给妈妈建议，告诉她们应该采取哪些行动

"看过这篇文章的妈妈学会了××"是一个典型的建议性标题，这种标题往往用于内容质量较高的文章。如果你的内容质量不高、吸引力

不够，建议不要使用这种标题，否则，妈妈们看后可能会大失所望，进而产生负面的影响。

6. 数据性标题

数字更具体、更直观，在标题中穿插数字能够锁定妈妈的注意力，并且能够给妈妈基本预期，缩短她们的判断时间。例如，"10 句妈妈要少说的话""90%的妈妈都会犯的错"。

7. 对妈妈有价值的信息

在标题中突出活动的核心内容，体现出能给妈妈带来的价值，会更直接地吸引她们的注意力。例如，"捣蛋、胆小、不合群的孩子怎么教？做好这件事很重要"。

8. 提出推荐性的建议

"母乳不够奶粉来凑，混合喂养前，妈妈应该知道这些"，该标题在给妈妈提供建议的同时，使用了"应该知道"这样的强化语气，促使妈妈进一步了解内容。

9. 做比较

在标题中，如果能出现颠覆认知或充满反差的事情，那么标题就会特别吸引人。例如，"谁的人生不是一边在生活，一边在不想活""全职妈妈如何做到左手带娃，右手赚钱"。

10. 给妈妈构建场景

在标题中，用具体细节描述一个跟妈妈息息相关的场景。不论是工作中的，还是生活中的，只要能让妈妈感同身受、产生共鸣，就能吸引她们进行阅读。例如，"'上班爸妈'撞上'网课孩子'，学习效果没法保证怎么办""1 岁半宝宝还不会走路？速来学习学步小技巧"。但需要注意的是，要根据妈妈群体构建场景，这样才更有代入感、更能引起共鸣。

11.　直接点出内容

例如，"@全市家长：有奖活动零门槛，报名即送礼，心动不如行动""有孩子的父母有礼啦！拍萌宝视频免费领取电影票及多重好礼"。一般家长都不会拒绝花式晒孩子的有奖活动，因此会进一步查看具体内容。

12.　勾起家长的好奇心

家长的好奇心会促使他们点击标题，进行阅读。例如，"'输不起'和'输得起'的孩子，差距竟然这么大"。

13.　承诺要公开秘密

很多时候，妈妈对考试、名校的关注度很高，因此我们可以利用稀缺性来创作标题。例如，"惊！数学考试满分的 10 个解题小技巧流出"。

14.　加入时间元素

具有时间元素的标题，会更生活化、更具象。例如，"看完一篇文章，其实只需要一盏茶的工夫""副业半年，突破自己，帮助他人"。

15.　站在妈妈的角度写标题

如果文章的受众群体特征明显，那么可以在标题中直接点明受众身份。例如，"产后妈妈需要注意的饮食细节""一位中学生妈妈的坚守：成绩垫底，也不要放弃自己的孩子"。在这两个标题中，产后妈妈和中学生妈妈就是两类受众群体，妈妈很容易被这样明确的标签吸引。

16. 给妈妈好消息

例如，"宝宝一睡觉就哭闹？妈妈学会这几招，宝宝一觉睡到天亮！"这个标题就是在给妈妈传递希望，让妈妈对内容产生兴趣。

17. 传播正能量

正能量的话题往往能吸引妈妈点击。例如，"如何育儿才能做好幼小衔接""如何从小培育出一位'神童'"。

18. 提出一项挑战

例如，"你敢不敢一直相信孩子，尽管不了解事件全貌"，通过提出挑战，引起妈妈的思考，使她们对内容产生兴趣。

19. 具有官方性和权威性

具有官方性和权威性的信息可以使人信服，不会让人怀疑其结果，并产生阅读欲望。例如，"央视报道××食物有利于孩子的智力发育"。

3.1.3　吸睛的海报文案的撰写方法

活动海报主要通过微信朋友圈、微信群进行传播，以达到快速引流的目的。育儿活动海报设计得好往往就能低成本或零成本在妈妈的朋友圈广泛传播。我们可以从以下几点出发，学习如何撰写吸睛的育儿活动海报文案。

1. 提炼家长的痛点

我们必须实地考察，比如和某些家长聊天，或者找一些行业的相关报告。你可以先通过某网站找到一些数据做支撑，然后找到家长的痛点并进行提炼。当你找到家长的痛点之后，必须将其和你的产品关联起来。

2. 唤起家长解决痛点的需求

可以用权威数据及身边的真实案例来佐证痛点的真实性，比如我们从一些相关的官方数据报告里找到案例来证明需求确实存在，而不是我们强加于家长的。

3. 家长解决痛点遇到的误区

罗列市面上解决这个痛点的方法，并阐释其劣势。这是一个细致的市场调查工作，既要收集家长实际遇到的教育误区，又要收集竞品机构的弊端。如果条件有限，那么可以先做到家长实际遇到的教育误区的收集。提炼产品的核心卖点，与家长的痛点关联起来，并给出解决方案。注意，这里的解决方案一定要详细、具体到足以打动家长。

4. 成果展示

用数据、案例来佐证，家长采用了你的方案后，收获了什么。

5. 限时报名

这里给出限时报名的优惠价格，催促家长报名/下单。价格应该是你最后才提出来的，而不是一开始就抛出低价，否则对吸引到精准的家长没有任何帮助。

6. 海报文案排版

海报文案排版需要遵循两个原则：一是逻辑突出原则，即根据活动/产品的核心卖点等主要信息，将文案上的文字进行适当的放大或缩小，以突出核心内容；另外也需要注意：字体大小要考虑家长的阅读场景。比如在朋友圈，有些海报需要你点击放大才能看到完整的信息，而有些海报则直接就能看清楚，这就方便了很多。二是视觉突出原则，即对文字和配图进行美化处理，使海报赏心悦目。

3.1.4　如何做好活动复盘

任何一场活动，如果把活动结束作为整个流程的收尾，那必然是失败的。因为一场活动的复盘和总结不仅对当场活动有非常重要的意义，而且对未来的活动也有非常大的影响。因此，复盘应该是活动中的固定流程，任何活动都不可以缺少复盘这个流程。

活动复盘可以从以下 4 个方面来展开。

1. 回顾活动目标

我们在策划活动及活动进行的过程中，容易陷入一个误区：关注活动细节，忽略活动目标。因此，在活动结束后，我们要再回顾一下活动目标，根据最初制定的活动目标，从数据角度具体衡量活动是否达到了设定的目标。例如，参与人数是否达标、转发量是否足够、新增数量有多少等。回顾活动目标非常关键，是后续所有复盘工作的基础。

2. 评估活动效果

仅凭个人感受评估活动效果会具有主观性，不够科学、合理。我们可以从内部人员参与感受的反馈、过程数据的反馈、其他妈妈的反馈 3 个方面来评估活动效果。

从活动的提出、讨论、立项、执行到总结，每一个参与人员都会有自己的感受。在活动结束之后，大家分别发表自己的感想，我们就能发现很多前期没有关注到的问题，如合作是否顺利、传达是否清晰等。所有参与人员都要发表自己的感想，这样也有利于进一步提升团队的效率。

与感受反馈不同，数据的反馈会更加理性与直接。一场活动的转发量、评论数量、参与人数、参与人员的地域分布、微指数上升比例等，都是非常客观的评估依据。

其他妈妈也会给出反馈，如在活动的评论区、妈妈微信群、妈妈微信朋友圈的反馈等。通过这些反馈，我们可以更直观地了解其他妈妈对活动的真实体验，从而更好地评估活动效果。

3. 深入分析差异

回顾活动目标和评估活动效果都是在为深入分析差异做铺垫。例如，分析真实的目标达成情况和设定的活动目标有多大差异；了解妈妈参加活动的体验感是否良好，和预期有多大差异等。

团队深入讨论、分析产生结果的原因，根据现有目标和结果的差异提出部分假设，有了假设之后就需要验证，常用的验证方法有以下 3 种。

（1）通过数据验证。例如，如果活动海报设计得不够完美，那么与以往相似的活动相比，参与人数一定会有所下降。

（2）改变变量，再试一次。例如，把海报的主题设计得再醒目一点。

（3）回访。通过回访，了解妈妈在购买过程中的经历和困惑，找出转化的瓶颈。

4. 整理经验总结

将前面 3 个步骤的分析过程和结论记录下来，写成复盘笔记，便于为今后的活动策划提供参考。已经被证明有效的部分，下次可以进行重复使用，而不足之处也可以通过升级来再次试验。

做好活动的复盘，才算一场活动的结束。我们要利用活动复盘进行总结、优化，不断提升活动的影响力与效果。

3.2　线上活动

很多妈妈受时间和空间的限制，可能无法参与线下的活动。而互联网的发展，使得活动形式从单一的线下形式变为线上、线下相结合的形式，线上平台也成了很多妈妈的聚集、交流之地，线上活动的便捷性就凸显了出来。在本节中，我们将对线上活动进行详述，给妈妈提供更多的思路和方法。

3.2.1　线上活动有哪些形式

线上活动的形式五花八门，我们常用的有秒杀、有奖转发、有奖征集、网上评选、注册送券、有奖问答、抽奖、话题讨论、直播等。在选择活动形式之前，我们要思考一个问题：这次活动的目的是什么？大部分线上活动的直接目的是推广，即通过活动提升用户黏性、传递产品理念，为后期销售打下基础。

根据活动的目的，线上活动的形式可以分为 3 类：活跃用户型、开发新用户型、转化用户型。

1．活跃用户型

活跃用户型常用的活动方式有抽奖、发红包、打卡签到、比赛投票、答题、有奖竞猜、互动游戏、任务接龙。

在设计活跃用户型的活动时，我们要找到与用户相契合的话题作为切入点。这是建立关系、给用户赋能的关键。例如，新年伊始，组织各位妈妈进行新年愿望接龙。这不仅是一个社群活动，还是一个能让妈妈借机制订自己新年计划的活动。

发红包也是一种非常有效的活跃用户的方式。如在用户完成某项任务后，就可以获得红包奖励。这样也能促进更多的人加入互动，在社群中营造积极的活动氛围。

2. 开发新用户型

源源不断的新用户加入是品牌强大的原动力。如何吸引新用户及如何引导老用户转发带动新用户，是我们需要经常考虑的问题。

想要增加新用户，我们就需要提高曝光率。在主流的平台上进行直播、发表文章、参与话题讨论等，都是很好的增加曝光率的方式。同时，通过设置参与门槛，如关注才能参与、注册才能使用等，也能够吸引一批新用户。

3. 转化用户型

砍价、拼团是常用的转化用户的方式。例如，母婴用品可以作为引流产品，在妈妈帮忙砍价、参与拼团时，可能会激发其需求，从而产生购买行为。

此外，参与抽奖是一个互惠的活动，也能提升新用户的参与度。抽奖可以与打卡签到相结合，通过这些方式留存用户，并让用户使用优惠券进行消费，最终实现转化。

在用户收到产品后，引导他们拍摄照片或视频，并转发到自己的微信朋友圈，这也是一种非常有效的转化方式，不仅可以吸引新的用户，还能引导老用户达成更多的消费。

我们在做活动设计前，一定要清楚自己的目的，做好调研，只有贴近用户的活动，才有可能获得好评，最终达成转化。

3.2.2　社群活动如何开展

对于现代人来说，最宝贵的就是时间。当人们愿意在你的社群中停留、愿意花费时间参与活动时，那就意味着他能从社群中获得他想要的知识。而仪式感、归属感和成就感，可以保证社群用户的稳定性，从而实现先社交再成交的目的。好的社群应该具有以下 3 个特点。

（1）用户质量高，每个人都愿意在社群内进行分享。

（2）社群内任何用户在有困难的时候，都可以获得其他用户的帮助。

（3）定期举办线上、线下活动。

社群活动大多依托于微信群来进行，活动的预热、发布也都会通过群公告进行，这样很便捷。

当我们打造了一个全体成员之间具有依赖性的社群后，我们就可以开展更大型的社群活动了。社群活动的开展有以下 5 个注意事项。

（1）明确活动目的。社群活动的目的至关重要，是整个活动的核心，也是我们在活动过程中及活动结束后需要核对的重要指标。目的决定行为导向，因此，一定要明确活动的目的，是"拉新""促活"，还是转化。

（2）规划活动节点。活动节点是根据活动上线的时间，倒推出活动预热、物料发布、活动提醒、活动开始的时间节点的。需要注意的是，活动节点的规划要具有科学性、合理性，要根据每个阶段的具体特征及现实需求，规划合理的时间。一旦规划好活动节点，就要严格按照规划执行，最大限度地提高效率，避免因某个阶段延误而耽误最终活动落地。

（3）进行活动预热。现代的人大多都很忙碌，很少会刻意关注某场活动，如果我们在活动前不进行预热，活动便很难受到大家的关注，即使有需要的人，也会因为不知道活动的存在，而错过参与活动的机会。因此，我们要做好活动的预热与宣传，提醒关注活动的人按时参与活动。

根据活动的大小不同，预热和宣传的力度也不同。常规活动一般提前 3 天预热，重要活动提前一周甚至一个月预热。不需要等到全部都准备好以后才开始预热，只要在相应的时间节点完成相应的准备工作就可以开始活动的预热了。

（4）发布渠道物料。因为物料是面向用户的，所以我们要以用户为出发点去思考该准备哪些物料。能够吸引用户注意力的活动海报包含直通二维码、参与指南、活动详情等。同时，我们还要根据活动目的考虑是否将活动的奖品种类、奖品的领取规则呈现在海报上。好的物料会激发用户参与的积极性，以达到组织活动的目的。

（5）及时的活动提醒。在活动开始前，我们一定要在社群和微信朋友圈进行活动提醒。一般可以在 3 个时间段进行提醒，分别是提前 3 天、提前 1 天、提前 1～2 个小时。

好的开始是成功的一半，我们想要设计好活动的发起和宣传流程，应注意以下 3 个细节。

（1）活动主题是不是社群用户关注的？

（2）活动时间是否考虑到用户参与的便捷性？

（3）是否有核心用户的拥护？是否有核心用户在前期带动其他人参与？

好的活动离不开适时、适当的宣传，一场活动的宣传绝不是发一条微信朋友圈就能实现的，在宣传活动时，我们需要注意以下两个方面的内容。

（1）做好过程管理。在社群讨论中即时记录可以引发共鸣的点，截图分享到微信朋友圈（做好敏感信息的处理），这样就可以吸引更多有同样需求的新用户。

（2）激发用户自主转发。口碑是最好的宣传，但很多人不喜欢分享他人的东西到自己的私人空间，在此我们可以提醒大家进行分享。但提醒并非强制，我们可以通过设置转发奖励，引导用户分享。

3.2.3　自媒体平台发起话题活动必须做哪些事

在自媒体平台发起话题活动时，我们需要做到以下 5 点。

（1）选择合适的自媒体平台。现在常用的主流自媒体平台有微信公众号、知乎、小红书、微博、微信视频号、抖音、快手、头条、豆瓣等。自媒体平台众多，但并非都适合我们，选择哪个平台去运营，就需要我们去分析每个平台的利弊，并结合我们自己的产品和用户群体，做出正确的决策。

如果你和我一样，是一个拥有微信粉丝群体的妈妈，那么微信朋友圈运营就很重要；如果你的私域流量规模不大，就需要多在某些公共平台上发布一些日常或心得；如果你擅长做产品分析、经验分享，也可以在知乎上发表文章；如果你喜欢出镜，那么可以尝试拍摄短视频。

（2）做好定位，确定自己要深入哪个领域。如果自媒体平台传递的信息不集中，用户就很难看到内容的连贯性，而且每个自媒体平台都讲究内容的垂直性。垂直性可以使我们快速成为某个领域的专家，内容的垂直性也是考核新手的重要依据。

（3）一定要持续更新。如果我们"三天打鱼，两天晒网"，那么平台会认为我们不够专注，也不专业。

（4）一定要坚持原创。坚持原创很重要，其决定我们能否在自媒体平台拥有属于自己的一片天地。尤其是对于自媒体平台上的新手来说，即使没有内容可以发布，也不要当搬运工，直接从其他平台上把文章复制过来，这样会影响我们的声誉，也会给我们带来不必要的麻烦。

（5）选择适当的主题。主题在一定程度上决定了自媒体平台上粉丝群体的类型，我们最好结合自己的兴趣、特长去选择主题。例如，如果你是母婴、育儿方面的专家，就可以选择妈妈比较感兴趣的话题作为主题。

自媒体平台是我们连接粉丝的纽带，只有给粉丝提供持续的价值、满足他们的需求、贴近他们的生活，我们的账号才能发展得更长远。

3.2.4　线上活动的方案如何撰写

线上活动的方案撰写主要分为两个部分：方案设计和方案执行。不同形式的活动会有不同的方案，我们可以不断积累，形成自己的方案库，从而根据活动的特点选取合适的方案。在具体执行方案时，我们可以结合实际情况对环节和参与人员做出相应的调整。

在做方案设计前，我们需要考虑以下几个细节。

（1）活动的目的：增加用户忠诚度、提高转化率、促单等。

（2）活动的预期结果：提升满意度、产生裂变、成单等。

（3）活动的形式：群内分享、直播、微信朋友圈转发裂变等。

线上活动的特点是便捷，但参与人数不受限制，不易把控效果。所以，我们在做方案设计时，需要把这些因素都考虑进去，做好提前预案。以下是某场直播活动的方案设计，如表 3-1 所示。

表 3-1　某场直播活动的方案设计

方！案！设！计！	
活动形式！	直播！
活动步骤！	1．设计直播脚本，安排直播人员，审慎选品
	2．在社群中发布直播通知，催促直播预约，提醒群内成员转发
	3．在直播开始前发布短视频预热，定时发布直播时间提醒
	4．直播
	5．直播录制或主要内容以文字形式展示，引起后续讨论

这个方案没有对直播进行详细的设计，但直播是最关键的部分，具体的直播流程、文稿、语句、产品上架、设备调试、场外互动和沟通等细节都需要提前设计好。而其他环节，如直播前的提醒，直播时制作视频或展示文字，都是为直播效果服务的。我们可以编辑常用的通知模板，在执行中观察效果，方便后续直接套用。

有了方案设计，就需要对每一个步骤进一步细化，也就是方案执行。方案执行包含具体措施、时间节点、完成度考量等。

例如，活动通知的具体措施如下。

（1）活动文案编辑及发放（文案+海报+预约入口）。

（2）群主提醒或"红包雨"（文案）。

（3）营造参与氛围（文案）。

（4）指导成员预约。

（5）促成预约转发。

有了具体措施，我们还需要确定每一个措施的时间节点，以方便自己核对或团队执行。

以我的个人经验来说，前期的线上活动大多由我一个人设计和执行，所以我先从小型的活动开始，进行海报设计、文案编辑、群互动、社群课程录制。在我熟悉了直播流程、掌握了一些具体执行的技能之后，我就能逐步开展更多、更大的活动。我给了自己一定的成长周期，也增加了与粉丝之间的亲密度，从而更有号召力了。

在此，我建议各位妈妈，在前期没有团队的时候也要养成整理方案设计和方案执行的习惯。因为平时我们需要处理的事情比较繁杂，思路很容易受到干扰，如果没有具体的活动方案，仅凭记忆或感觉，就很容易遗漏或忘记活动中的重点内容。而且具体的流程也可以为以后的活动提供借鉴和参考，使得我们在今后策划活动时效率更高。

3.3　线下活动

层出不穷的线上活动，可以不断地扩大我们的流量池，在裂变过程中提高和用户连接的广度。但是，要促进用户毫无顾虑地下单，从线上引流到线下必不可少，而坚持不断地推出丰富多彩的线下活动，是与用户产生深度连接的方式之一，也是增加用户黏性的一剂催化剂，最终将成为妈妈的出单利器。

3.3.1　如何发起一场高质量的线下亲子活动

线下活动注重的是大家将有价值的东西一起共享的理念。社群在线下举办活动，可以在一定程度上将线上的优质内容移植到线下来，提高参与人员的归属感，从而让其真切地感受到社群的存在和力量。

在 2014—2018 年，做全职妈妈期间，我在中国、美国的 20 多个城市组织举办了 300 多场线下活动，以双语音乐亲子课（Bilingual Music Time）的形式呈现，也因此建立起了各地的粉丝群及当地的亲子活动群。

线下亲子活动的宣传与分享，如图 3-1 所示。

图 3-1　线下亲子活动的宣传与分享

相比线上活动，线下活动黏性、转化率相对高一些，而且用户之间的信任度也很高。但是，专业的线下亲子活动有小朋友参与，所以可能会出现各种突发情况，因此专业的线下亲子活动非常考验我们的应变能力。

只要是家长和孩子一起参与的活动，都可以被称为亲子活动，如亲子手工、家庭游戏、亲子运动会、亲子读书会、生日会、亲子烘焙等。现在的家长越来越不满足于普通的亲子活动，他们期望能和孩子参与一些更有主题性的亲子活动，这样既可以跟孩子一起享受幸福时光，又可以与一些兴趣相同、育儿理念相仿的家长建立积极的社交关系。

在举办一场或一系列线下活动时,首要考虑的就是活动主题,这个主题贯穿整个线下活动,甚至会影响社群后期活动的理念或走向。活动要与价值联系起来,分享、创造价值是当下流行的概念。因此,线下活动更注重结果的展现,有价值的成果才具备分享的可能性,这也是为什么线下活动常常会邀请一些"大咖"来参加。

打造专业的线下亲子活动(如分享会)需要把握的 7 个问题,如图 3-2 所示。

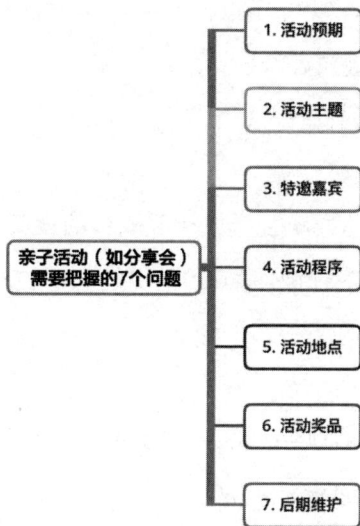

图 3-2 线下亲子活动(如分享会)需要把握的 7 个问题

1. 活动预期

活动预期是指要在各个方面都制订一个大致的计划,如了解好在社群成员中有多少人对线下分享会感兴趣,或者有什么好的建议等。对此,可以在会前开展投票调查,了解有初步意愿的成员。同时,也能为活动预热,起到吸引眼球的作用。

2. 活动主题

类似于线下交流会，分享会也要围绕某个主题来展开，这样工作人员在组织活动时才能有方向，如制作海报、策划文案、设置报名流程和方式等活动，都需要按照这个主题来展开。

3. 邀请嘉宾

这是分享会最重要的环节，嘉宾的身份等级、专业水平及对分享会的参与热情，都会影响分享会的整体质量。嘉宾可以提高分享会的知名度和活动的最终效果，所以，要尽量邀请行业或领域内的知名人士，配合活动主题，进行活动分享。

4. 活动程序

烦琐、冗长的活动程序会增加社群成员的疲劳感，不利于活动的整体效果。所以，要适当缩减活动程序，顾及社群成员的时间、精力。

5. 活动地点

对于分享会的活动地点，要尽可能地选择安静、宽敞、交通便利的地方，降低社群成员的路途成本。

6. 活动奖品

在活动策划阶段就要将奖品设置好，包括奖品来源、奖品获得方式、奖品的数量、赞助商的数量及与赞助商相关的信息等。我们也可以借鉴之前的活动经验，最大限度地避免在细节方面出问题。

为了增加社群成员的活跃度，我们可以依照社群性质将分享会以趣味比赛、讲座、培训等形式呈现出来。分享会的目的是将更多的优质资源从线上移植到线下，扩展开来，触及更广的范围、更深的层次。因此，我们要重视每一次分享会，全方位地把握活动的主题和细节，这样才能举办好每一次分享会，为以后的活动积累更多的经验。

7．后期维护

我们每做完一场线下亲子活动，都会新增一些用户，在活动结束后，要对用户进行统计、分析和跟进，保持黏性。

分享会不仅使孩子感受到了爸爸、妈妈的温情和亲情，也让爸爸、妈妈在繁忙的工作之余拥有了轻松、愉快的休闲时光。分享会可以增进孩子和爸爸、妈妈之间的情感和亲密度，对孩子的成长非常重要。

3.3.2　面对线下亲子活动的突发情况，如何应变

相比线上活动，线下活动存在很多的不确定性，如嘉宾临时有事无法参加，或者是地点情况有变、天气原因等。所以，我们要考虑各个方面的可能影响因素，制定好应急预警机制。

比如，在举办线下活动的前一天发短信提醒嘉宾第二天准时参加，特别是一些重要的嘉宾，要提前确定好档期。通知内容要包括与活动相关的关键信息，如活动的时间、地点及位置链接，通过天气预报预知的活动当天的天气情况，需要准备的材料等。我们也可以派专人与嘉宾提前确认，以防万一，最好准备候选嘉宾，以免突发状况，因现场冷场而自乱阵脚。

当我们遇到一些突发情况不得不取消线下活动时，如何保证工作的正常推进？我们可以采取直播的方式。直播具有传播性强、不受时间及空间限制等优势，因此，直播是一个非常好的活动执行方式。通知与

会的成员通过移动设备观看直播，利用弹幕进行互动。线上直播能够让来自五湖四海的妈妈不受地域限制，同聚在一个直播间内进行畅聊。

首先，我们应当保证直播设备网络畅通，因为卡顿十分影响观众的观看体验；其次，选择合适的直播平台也是主播需要考虑的问题，直播平台应当具备强大的互动功能，以供主播与妈妈、妈妈与妈妈之间进行互动；最后，专业的录像设备与视频团队也是必不可少的支持。

3.3.3 高颜值的现场照片可提升裂变效果，促进家长自主转发

形成口碑效应是裂变增长的关键。如果某个产品在微信朋友圈刷屏了，那我们第一时间想到的一定是这个产品马上就会"火"起来。之所以会这么认为，主要是随着互联网的发展和社交媒体的兴起，营销推广的方式变得越来越简单、成本越来越低。借助社交媒体的力量，让社群成员把产品推荐给好友，形成一个完整的链条，使社群品牌可以被更加广泛地传播。

经过不断的测试和实践，通过机制把营销推广的方式固化下来，实现用户的自发增长，这才是口碑效应的最好结果。像之前那种花钱"砸"市场的做法已经过时，其无法再为社群品牌带来良好的效果。

运营妈妈社群最重要的工作之一就是获取新的家长加入，我们总希望用较少的成本获取较多的家长参与，而通过朋友介绍的家长不仅转化率高，而且获取成本低。要激发家长更多地自主推荐，就要先清楚家长自主转发的动机。一般来说，家长自主转发有 3 种动机：口碑驱动、精神驱动、获利驱动。那么，我们应该如何促进家长自主转发呢？

1. 提供高颜值照片

我们需要提供足够的内容让家长拥有转发的素材，如现场的高颜

值照片、小视频等。家长可能没有时间在现场拍照、修图、绞尽脑汁地想文案，如果我们能给他们提供现成的文案和照片，那么他们很有可能会进行自主转发。

因此在活动开始之前，如果有条件的话，那么最好安排一个专门负责摄像的工作人员，在现场拍摄一些独特的照片或视频提供给参与活动的家长。

2. 照片提供及时

有了专业的、高颜值的照片或视频，还需要将这些素材及时传递到社群当中，如我们可以建立一个共享相册，及时上传现场的照片或视频，家长只需要从中挑选下载自己满意的照片或视频即可。

3. 制造仪式感

通过仪式感加强黏性，围绕活动主题设计一些很有仪式感的环节。例如，我之前在美国某图书馆做的线下亲子活动——"Story Time"（亲子故事会），每期都有固定的开场儿歌、再见儿歌、绘本故事、儿歌游戏、亲子互动等环节。这样的仪式感也会让家长觉得格外有温度，更容易促进转发。

4. 以家庭为中心

人们通常会更关注与自己相关的内容，因此，我们在做活动时一定要以家庭为中心，如在拍摄照片或视频时，可以分别拍摄一些个人的、家庭的特写，尤其是比较有意义的瞬间，当家长看到这样的照片或视频时，会觉得主办方很用心，也会特别感动，一般都不会吝啬去转发。

3.3.4　打好持久战：从0到1打造千人线下亲子活动

一场好的线下亲子活动，能够迅速撬动用户增长，引爆产品销量；一场不好的线下亲子活动，费时费力，却见效甚微。如果活动没有做好留存，那么几乎没有实际意义。因此，我们在策划线下亲子活动时，要思考以下两个问题。

1. 如何让家长关注我们的线下亲子活动

为了让家长能够更好地关注我们的线下亲子活动，有以下两点需要注意。

（1）活动主题直击家长的痛点。活动的本质，其实就是交换。我们要用有趣的活动来吸引家长的参与，如果我们的活动主题能够直击家长的痛点并满足家长的需求，家长就愿意参加。但是，我们如何找到家长的痛点呢？

我们可以通过询问法和收集法来寻找家长的痛点。询问法即通过和家长的交流互动，发现其需求，从而根据其需求确定自己的活动主题；收集法即我们可以通过发送调查问卷来收集家长的痛点。

（2）活动宣传要尽量广泛。在移动互联网时代，宣传渠道多种多样，它们可以为我们的活动提供最大限度的宣传。现在有一些很流行的活动平台，如"周末去哪儿""活动行""活动家""活动聚""互动吧"等。大部分平台都是免费的，因此，我们要尽可能多地在各个平台发布与活动相关的信息。

此外，我们还可以通过合作的形式，与一些目标用户相同、业务互补的社群合作，一起举办活动。

2. 如何让家长愿意持续地参加我们的活动

活动除了能给家长提供价值，还能与家长建立一个良好的情感连接，让家长成为活动的组织者和奉献者，从而愿意持续地参加我们的活动。例如，在每次活动要招募主持人和志愿者时，我们可以从众多家长中挑选一些人作为主持人和志愿者，让他们参与组织活动，同时我们与他们一起讨论活动的主题和方向，这样会使他们获得荣誉感与使命感，从而更愿意参加我们的活动。

操盘 1000 多场线下亲子活动的冲冲：
如何组织一场爆满的线下亲子活动

冲冲曾经是某世界 500 强企业的市场经理，如今是某艺术工作室的主理人。她是一名普通的妈妈，也是在线教育分享者。冲冲成为 10 万名妈妈的团队长，亲自操盘 1000 多场线下亲子活动，个人参与微博阅读量超 337 万人次，公众号单篇阅读量超 34 万人次，她的副业在第一年创造了 30 万元的高额收入。

副业心态

在冲冲看来，很多人不发展副业，不是因为没有能力和资质，而是不敢开始。冲冲说："不要害怕小问题，也不要有'完美主义'，尝试去做一个盲目开始的人，如果你没有拥抱无聊和沮丧的能力，你可能也无法有所成就，因为几乎所有的成功都少不了一种叫作'刻意练习'的努力。副业亦是如此。"

冲冲在整个创业实操的经历与实际观察中发现了一种极为普遍的现象：一旦涉及金钱，很多妈妈便开不了口、拉不下面子。而这也造成这些妈妈不敢在微信朋友圈或其他平台上从事副业。

其实，很多大学老师、企业高管等都在某些平台上从事副业。赚钱不是坏事，能赚钱说明自己有能力。并且，在实现财富自由的道路上，妈妈可以结识更多的朋友，如果自己赚了钱，还帮助更多的妈妈实现了财富自由，那么这也是妈妈群体实现自我价值的一种良好的方式。

很多人一旦开启了副业，又害怕项目进行过程中的"行业震荡"，如平台倒闭了、行业前景不好。冲冲认为，这一切都会影响自己的心态，降低自己的坚持程度。如果我们有一部时光穿梭机，我们就可以看到，成功的背后实际上是平凡的行动的积累。所以，面对"行业震荡"，冲冲鼓励我们保持这样的心态及操作：淡季养市场，旺季卖货。愿各位妈妈能勇敢地踏上自己热爱的道路，并且在这份热爱里闪闪发光。

干货分享：如何组织一场爆满的线下亲子活动

首先，我们要明确什么是一场成功的活动。可能有的人认为活动人气特别旺、到场的人员特别多的活动就是一场成功的活动；有的人认为活动现场气氛特别热烈、现场转化率特别高的活动就是一场成功的活动。但冲冲认为，保障了安全的活动才是成功的活动。

一场成功活动的基础必然是活动全程没有安全隐患。那么，怎样才能保证一场活动的安全呢？

冲冲原来组织的活动经常是针对一些父母和孩子的，或者是针对孕妈妈的。无论是亲子活动也好，还是孕妈妈活动也好，都要确保每个参与人员的安全，保证每个环节都不会有危险因素。在此，冲冲建议大家先做室内的活动，后期积累了足够的经验之后再做户外的活动，因为户外活动的危险因素更多。

冲冲在组织活动的时候，根据不同的参与人员，考虑可能存在的危险因素，并提前准备好应对方案，这样可以有效地规避风险。例如，在做孕妈妈活动的时候，会尽量避免孕妇走楼梯；在做巧克力 DIY 亲子活动的时候，一定要将加热设备远离孩子，保证每一个孩子都触碰不到；在做两岁以下孩子参与的活动的时候，是一定要准备软垫的。

另外，一个有效地规避风险的方法就是控制参与活动的人数。第一次组织活动的时候，10～15 组家庭是比较适宜的，15 组家庭其实差不多就有 30～45 个人了。

爆款活动的关键——有趣的环节和热烈的现场氛围

一场好的活动一定要有非常有趣的活动环节及热烈的现场氛围。好的活动会让孩子下次还想参与，也会让家长觉得有意义、有收获。

活动前期的准备、流程的梳理、人员的分工、现场的控制，都是十分重要的。因此，优秀的策划方案、现场超强的执行能力，以及突发情况的预案，都是非常重要的。

活动节奏要把握准确。在制作策划方案的时候，要明确每个环节的时长，包括签到时长、预热时长、发放伴手礼的时长、主持人的主持串场时长等。

如果活动时长比预期的要长，可以现场灵活调整，比如把发放伴手礼的步骤提前，以激发孩子和家长的积极性。如果时间过短的话，就一定要启动备选方案，以免冷场。

组织竞争性的活动，如孩子的运动会，一定要提前明确规则，专人专岗。每个环节一定要责任到人，以免规则不清造成现场出现争论。一旦出现有争论的情况，我们千万不要在现场进行处理，一定要有专人把家长领到其他地方进行单独的沟通。

我们要注意把握几个点。活动一定要有趣，给予孩子和家长充分的、新鲜的体验感，如果有知识性或启发性就更好了。

活动层次需要尽量丰富一些，如果只是现场的挖掘，或者只是教授的讲解都不够完整，就不能让孩子玩得尽兴，也不能让家长觉得活动很有意义。

有了一个好的活动和成功活动的基础，还需要宣传。同时，要找到我们的核心"种子"用户。对这样一批"种子"用户进行持续维护，就会像滚雪球一样，越滚越大。

虽然只是在小的圈子里开始了亲子活动之旅，但是一定要保证每一场活动的宣传是足够的。从活动招募开始，一定要有自己的招募页面，可以是自己的微信公众号，可以是单独的海报，也可以去互动活动型的网站发布活动招募。此外，活动招募的页面一定要精美。

在活动招募中，一定要明确活动的时间、地点、活动适合的孩子的年龄、活动的环节和流程，以及活动的意义。要把每个环节的内容讲清楚、讲明白，赋予它深层的含义。例如，一个绘本分享会活动不只是一次阅读分享，它可能还具有以下价值：培养孩子与他人交流的能力；亲子互动寓教于乐；家长和孩子更多的互动；孩子会珍惜家长的辛苦劳作；使孩子懂得环保的理念；孩子可以交到新朋友；孩子可以了解金钱的意义。

通常情况下，这种活动会搭配捐款等公益活动，我们会赋予其更多的意义，为需要帮助的孩子贡献出自己的一份力量。

每次活动的照片留存也是非常重要的，对于没有参与过活动的家长来说，这是强有力的背书，会增强其信任感。

第 4 章

用户与社群运营：
做好朋友，不销而售

用户与社群运营是指将用户利用一定的纽带联系起来，使用户与用户之间拥有共同的目标并持续地交往，培养社群成员共同的社群意识和规范。因此，社群运营不仅是一个销售产品的社群，更是一个互助成长的社群，可以让成员产生归属感。

4.1　用户运营

用户运营是指以用户为中心，遵循用户的需求设置运营活动与规则，制定运营战略与运营目标，严格控制实施过程与结果，以达到预期所设置的运营目标与任务。

4.1.1　用户运营的框架搭建

在妈妈社群中，除产品之外，用户运营也是品牌/个人 IP 呈现给用户的产品之一。优质的用户运营不仅拥有丰富且有深度的内容，还拥有顺畅的流程，让用户感到舒服，也让其体验到归属感。在用户运营的过程中，首先要做好用户流转地图的建立和用户社群架构的搭建。

1. 用户流转地图的建立

用户流转地图涉及用户首次触达产品到完整的产品体验。做好用户流转地图,可以方便我们优化流程,追踪过程数据,从而计算出转化率、流失率。用户流转地图可以指导我们进行更好的决策。

2. 用户社群架构的搭建

妈妈的微信里通常有很多的社群,可有的社群目标不明确、功能不完善,无法给妈妈提供高黏性、高效的服务。

例如,"早七点乐队"的社群架构分为官方群和团队长社群两大板块(见图4-1)。官方群,顾名思义就是品牌方、官方组织的社群,负责社群品牌的建设与官方内容的传导。与课程相关的服务社群也会根据每个课程配备不同的助教和SOP(标准流程),进行深度服务。组织型的社群重在维护用户黏性,根据用户的等级(消费等级、水平等级)进行分层精细化运营,同时在用户成长的职业路径方面给予不同的支持。

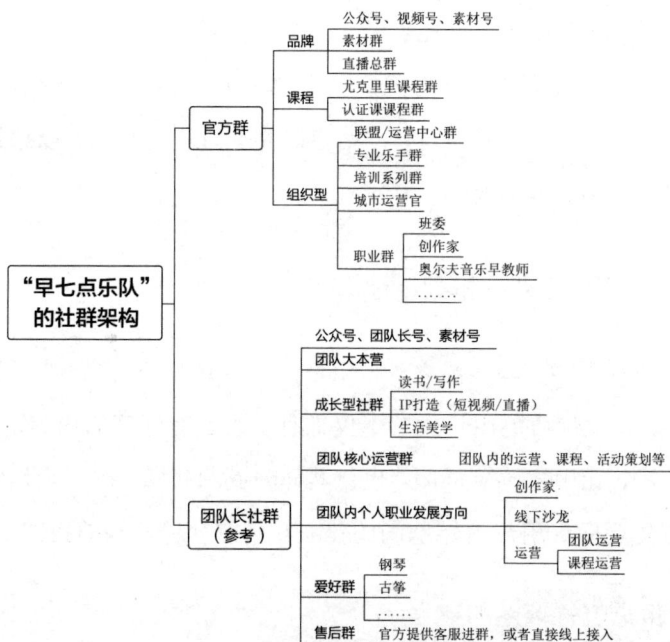

图4-1 "早七点乐队"的社群架构

同时，不同的团队长也有自己的团队长社群，与上一级社群共同组成社群矩阵。团队长在经营团队方面有不同的职能分工，共同服务于社群成员。有时候官方也会给成员建立售后群，方便妈妈比较快捷地解决售后问题。

做好用户流转地图和用户社群架构，就建立起了社群的基本框架。如果有条件的话，可以根据底层设计做出对应的小程序和社群工具，也可以使用现有的工具，如有赞、小鹅通和微店等。

4.1.2　PGC 和 UGC 的引导和定位

从定义上来看，PGC（Professional Generated Content）是指专业生产的内容；从内容上来看，PGC 生态系统是从内容生产、内容推广，到品牌的形成、粉丝的汇聚，最终内容品牌被粉丝反哺并进行自推广的整套生态闭环。UGC（User Generated Content）是指在社群中用户生产的内容。

在妈妈社群中，PGC 可以起到抛砖引玉的作用。核心的几位创始人和成员输出的内容，既要能贴近妈妈育儿的真实生活，又不能过于官方，让妈妈不好意思发布这些内容。社群的 PGC 需要把握好度，从而对成员起到一定的激励作用。

未来，社群的发展方向应该是能够持续、稳定地标准化输出高品质内容，而高品质内容主要体现在以下 3 个方面。

1. 内容栏目化

内容栏目化相当于整体内容有了子板块，如果每个子板块都能发展壮大，就会形成不容小觑的内容矩阵。这就要求我们在规划内容的时候，先有意识地把主题类似、与主题相关的内容归为一类，再策划栏目名称及选题方向，形成特定风格的内容合集。例如，一些母婴类公众号推出的"每日育儿资源分享""每周绘本共读""每周育儿知识讲座"等。

栏目化的内容运作不只是在做内容，它更是一种产品、品牌的运营方法，它会使用户的阅读期待感更强，同时为用户提供的内容预期也会更清晰。而且固定栏目一旦形成，就会叠加内容的力量，打造出自己平台的更多内容符号，达到"四两拨千斤"的效果。

2. 内容系列化

内容系列化和内容栏目化有相似之处，但是内容系列化更加强调系统性。例如，我们以"新手如何快速上手社群运营"为主题进行内容创作。在创作的过程中，我们会发现这一主题包含多个方面的内容，并且每个方面都可以单独扩展成独立的主题。面对这种情况，我们可以创作主题系列内容，从而实现内容的系列化，为用户带来绝佳的阅读体验。

对于用户而言，系列化的内容更成体系，用户阅读的兴趣也更浓，而且内容之间的互补和升级也能不断完善用户的知识体系；对于创作者而言，系列化的内容能够形成联动，有利于提升用户黏性，增强内容竞争力。

将内容系列化，我们可以使用以下两种方法。

一是绘制思维导图。我们可以按照事物逻辑，先将一个比较空泛的话题梳理为一幅比较完善的思维导图，再按照思维导图的每个分支，逐层逐级地进行内容创作，当我们把整个思维导图上的分支都创作完成后，就产出系列化的内容了。

二是可以参考其他账号的内容。例如参考其他公众号推出的付费课程的目录，思考这一目录如何围绕课程的主题进行拆解，深究其目录划分的逻辑。

3. 内容个性化

内容个性化包括社群内容的个性化与视觉的个性化。

（1）社群内容的个性化与其说是一种内容思维，不如说是一种品牌思维，它给我们提供了与其他内容竞争的壁垒。现在，新媒体平台越来越多，内容同质化现象严重，当用户在不同平台看到类似内容的时候，就会产生厌烦感。社群内容的类别、选题、切入点可以一样，但是要有自己的账号风格。这样才能使内容区别于其他内容，具有个性化，从而以独特的魅力吸引用户。

（2）视觉的个性化，即在头图、头部设置、尾部布局、内容排版、色彩搭配等方面，都要有自己独有的风格。因为用户在查看你的账号时，文字是需要转化成语言进入大脑的，而视觉则是直接传达的，能更快占领用户心智。

但无论是社群内容的个性化，还是视觉的个性化，我们都要尝试做出改变，塑造自己独有的风格，从而形成差异，使自己的社群更有辨识度和吸引力。

4.2 社群运营的道、术、势

做好社群运营，不仅要练习、精进相关方法，还要充分调动势能。在社群运营的过程中，有些内容有标准流程可循，而有些内容则需要灵活应变，因此要掌握社群运营的道、术、势，让社群整体氛围逐步升温且高效运营。

4.2.1 社群定位

社群是一种定位明确的组织形式，并不是把一群人拉到一个群里而这个群就是社群了。妈妈创业常见的社群类型有以下 3 种：售卖产品社群、拓展人脉社群、兴趣交流社群。

售卖产品社群：售卖的产品具有复购率高、延展性广的特点。例如，有些妈妈在创业初期代理销售婴幼儿奶粉、婴儿纸尿裤，之后从事儿童图书销售，后来销售电子产品、网课。

拓展人脉社群：如××代理交流群、××童装资源群等。

兴趣交流社群：没有很强的社交属性，更多的是以兴趣为主。例如，绘本交流群、育儿经验交流群、妈妈自我成长群、尤克里里打卡群、写作日更群等。

我们在进行社群定位时需要思考：这件事情为什么要通过社群来实现、社群中要聚集什么样的人、分享什么内容、传达什么样的价值观、运营的节奏如何把控等。社群定位分为以下 3 类。

1. 用户群

用户群的运营分为分享内容和出单两个方面。用户进群初期，社群的整体氛围会给用户留下第一印象。当我们用优质的内容留住用户之后，用户慢慢地就会形成购买习惯。我们在运营用户群时，一定要精选内容，并从共情的角度来思考内容是否能够获得用户的喜爱，而不是机械地搬运内容。

在建群初期，卖货不要过于频繁，我们可以分享自己的价值观及日常生活，营造出一种长期的成长性和陪伴感。否则用户会认为这是一个纯广告群，这样会大大降低用户的黏性。在社群中我们可以设定一个营销节奏，如每周一到两次的推广。此外，运营社群时一定要把握"二八法则"，即内容和黏性的互动占 80%，带货占 20%。

2. 团队群

团队群的建设，要提前做好成员的分工，团队里的成员通常有大团队长、团队运营官、团队品牌官、团队推荐官、团队销售激励官、团队招商官、团队培训官等。

大团队长一般由整个团队的创始成员来担任，其需要进行价值观的传递、用户黏性的维系，在重要的时候进行规则的制定和团队的赋能。如果大团队长时间充裕的话，那么可以包办所有的事情。

团队运营官需要有比较强的责任心和综合素质，能够及时处理一些紧急的问题。如果团队运营官能力较强的话，那么可以同时负责招商和培训工作。

团队品牌官负责与团队相关的文案、海报、签到等宣传资料的设计，其要在协助大团队长做好价值观输出的基础上进行细节的设计和输出。

不管是课程产品还是实物产品，团队推荐官在 KOC（关键意见消费者）领域都需要有比传统电商和 KOL（关键意见领袖）内容电商更强的推荐力和使社群成员产生更强代入感的能力。我们在创作文案的时候，不能简单地复制、粘贴详情页，而要将亲身经历拍摄成照片、短视频，进行剪辑、美化后，输出给社群成员，提高潜在用户的购买欲望。

团队销售激励官需要在妈妈出单的时候给予红包激励和鼓励，让妈妈享受到出单的喜悦，也鼓励妈妈主动发现平台上好的产品。

其他角色还有很多，在此不一一赘述。

3. 核心沟通群

核心沟通群的人数在 20 人以内，这些人拥有共同的价值观和使命感。核心沟通群中主要聚集团队中非常优秀、自身内驱力较强，同时可以胜任轮值团队长职务的成员。在核心沟通群中，每个人都需要承担一定的团队职责，主动为团队中的成员服务。核心沟通群的成员需要商讨如何推进团队的销售活动，共同推动整个团队的发展。

4.2.2　育儿、育己的妈妈社群如何启动

在确定好社群定位后，我们要深度思考社群结构、组织管理制度，规划好社群内容和互动方式，随后开展宣传工作，推动社群启动。做社群启动的时候，我们要提前做好以下 6 个方面的准备。

1. 社群招募

在进行社群招募时，根据人群基数和预期做好规划。我们可以做快闪群，或者在团队大群做内容的宣传。在宣传方面做好充足的准备，包括宣传海报和群内预告。

2. 开营仪式

开营仪式是一个社群正式启动的标志性活动，我们需要对社群的主题思想、活动日程、核心成员进行详细的介绍。同时，确定好开营仪式的时间，这样可以避免用户零散进群，增加无谓的工作量。在开营仪式上进行宣讲，仪式结束后统一进行问题解答。

3. 社群群规

"没有规矩，不成方圆。"在成员进群前，我们需要先制定好表述准

确、内容完整的群规。群规一定不能过于复杂，否则会令成员失去阅读的欲望。群规通常包含以下要素：对新成员的热烈欢迎、本社群的定位、本社群的目标、本社群的价值观。

4. 社群欢迎语

在有新成员加入社群时，我们要给予欢迎，通常可以采用发红包的形式进行欢迎。如果是比较熟悉的人，可以让其进行自我介绍。此外，我们也可以通过企业微信外部群进行社群欢迎语的设置，设置进群欢迎语的间隔时长和内容，自动完成新成员的进群欢迎仪式。

5. 社群内容

我们需要提前做好社群内容方面的规划，对内容进行统一的策划和梳理，然后开始定期更新、开展活动。

6. 社群运营机制

在社群启动前，我们要确定好社群的更新和互动频率，制定社群运营机制。在后期实际运营的过程中，按照已有的机制进行运营，这样可以保证社群的科学性、合理性。

我曾运营过一个专门做音乐启蒙的社群，社群内容规划如表 4-1 所示。

表 4-1　音乐启蒙社群的内容规划

内！！！！容！	互！！！！动！
英文儿歌的 45&". 的玩法拆解！	不定期直播练琴！
晚安类金句分享！	尤克里里弹唱小视频！
晚安歌曲分享！	课程打卡！
每周深度了解一个乐器！	群内自由话题讨论！
每周一个乐理知识！	线下双语音乐亲子活动流程分享！

对于社群来说，其产品和服务如果可以让成员产生共鸣，社群就是有价值的。因为成员在做出消费选择时，会根据潜意识第一时间做出反应。但是，成员并不知道自己为什么有这种潜意识。就像你为什么总喜欢去某一家咖啡店喝咖啡；你为什么总喜欢去某一家老店吃特色菜；你为什么总喜欢去某一家超市购物……因为这已经成为你的一种生活习惯，你既不用去想也不用去比较，潜意识就会做出反应。

所以，社群应该向成员传递一种生活习惯，潜移默化地影响成员的潜意识。

4.2.3　打造真实的社群 IP 人设

社群运营也是一种打造个人人设的途径。一个社群的内容的专业度很重要，社群的群主要在自己所学的专业领域上有追求。例如，在课程分销平台做课程顾问时，你需要研究各家的课程，以便在用户提出问题时可以很顺利地进行解答。当我们能真正解决这些问题的时候，用户就会不断地加深对我们的信任。

定期的分享能够让成员养成阅读的习惯，也能让成员格外关注这个群。每次建议分享 10～20 条信息，时间控制在 0.5～1 小时内。

除专业的内容以外，真诚的互动可以提升社群中成员的黏性。很多妈妈在自己做社群时不好意思在群里发言，或者不好意思分享自己的日常生活。但是在运营社群的时候，反而就是那种不完美、有趣的人会比较受欢迎。社群的话题越接地气，聊天内容越真实，用户就越希望在社群中留下来。例如，我在做音乐社群的时候，会把自己一些不是特别完美的弹唱视频发到群里，这样的视频会让用户有更强的参与感，能吸引更多的成员上传自己的视频，以达成友好交流的目的。

4.3　社群运营指南

社群的生命从社群建立的那一刻便开始了，之后在日常分享与周期活动中不断发展，最终成长为我们期待的样子。

4.3.1　如何精准运营社群

对于一个妈妈社群来说，很多妈妈聚在一起，一定要有一个共同的强需求。不同的社群提供的价值不同，一般来说，妈妈社群为成员提供的价值具有以下 3 个特点。

一是抓住用户痛点。例如，新手妈妈在育儿方面遇到瓶颈，急需了解育儿知识，我们可以创建一个科学育儿群；又如，妈妈在购买儿童绘本的选择上有困惑，我们可以创建一个绘本交流群。总体来说，我们一定要知道成员想要获得什么知识，并给予相应的解答。

二是价值要具体。在创建社群的时候，我们就要确保为成员提供的价值是具体的，而不是"假大空"的。

三是价值要互惠互利。例如，以科学育儿为主题的社群，成员可以在社群中学到实用的育儿技能；当她们学会这些技能后，加上自己的实践经验总结，又可以在这个社群中为别人答疑。一个长久维持的社群，一定是互惠互利的。

那么，我们在妈妈社群创建的前期、中期和后期应该如何做，才能保证社群可以为用户提供满足她们需求的价值呢？

1.　社群前期

社群前期的工作主要涉及 5 个方面：社群氛围的营造、社群基础文化建设、群规、运营工具、社群运营人员。

（1）营造良好的社群氛围。活跃的社群氛围能让目标人群更容易留存下来。因为很多妈妈并不是刚加入一个社群就会迫不及待地要发言，而是会有一段观望期，观察大家的聊天话题，了解社群文化，熟悉社群氛围，以评估这个社群是否与自己的期待相符，然后才会以社群成员的身份产出内容。

（2）社群基础文化建设。社群基础文化建设包括群名、口号、Logo、成员须知。

① 群名。合适的群名可以给人们留下良好的第一印象。我们可以从以下 3 个方面入手给社群取名字：从灵魂人物入手或核心产品入手，如"汤圆妈妈宝藏群""丹妈童书群""晓华英语群"等；从目标用户群体入手，如"妈妈副业交流群""3～6 岁幼儿英语启蒙群""学前育儿交流群"等；将前两种思路结合起来，既有灵魂人物或核心产品，又有目标用户群体，如"Tracy 英语启蒙交流群""晓燕高质量育儿群"等。

我们在为社群取名字的时候，应该遵循简洁、直观的原则，名字越容易被记住越好。

当我们需要建立一些临时性社群以提高大家的积极性时，群名可以具有更多的推动力，如"奋战××月""××月城市开创者""××战营"等。

② 口号。正如很多实体企业都有体现自己企业价值观、企业文化的口号一样，社群也需要有自己的口号，以体现社群的价值观、精神追求。

口号有以下两种类型：功能型，即用最直白的语言体现社群的功能，如"育儿神器，问我就行""拼着买才便宜"；三观型，即阐述对某种观点的态度，如育儿社群比较常用的"育儿更要育己"。例如，我的社群口号是"育儿育己闪着光，有钱有诗有远方"，朗朗上口，让妈妈们也觉得这正是自己寻求的生活方向。

③ Logo。Logo 的设计，主要围绕群名与口号展开。Logo 的风格及其所包含的信息，在一定程度上也是群文化的体现，可以更直观地体现社群的价值观。育儿社群的 Logo 可以是妈妈和孩子一起的，也可以是体现女性自我成长的，只要具有比较明显的特征或富有特色的风格即可，如图 4-2～图 4-4 所示。

图 4-2　"赵曌尤克里里"　　图 4-3　"早七点乐队"　　图 4-4　"妈妈高研院"

④ 成员须知。成员须知可以清晰地告诉妈妈们本社群的日常内容及注意事项，这样社群成员也有一个明确的心理预期，如图 4-5 所示。

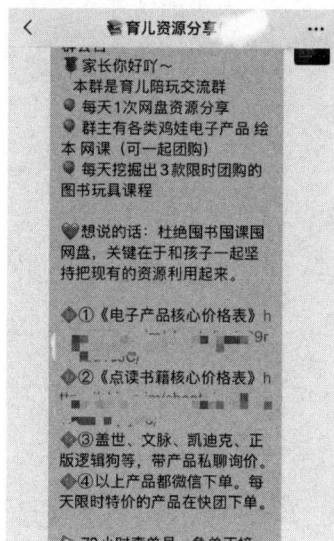

图 4-5　成员须知

（3）群规设立。俗话说"没有规矩，不成方圆"，一个想长久运营的社群，建立之初就应该设立一些基本的规则，如设置社群门槛等。常见的群规包括不能发布广告、无关链接、垃圾信息等；某时间段为闭群时间，闭群期间保持安静；文明交流；不传播负能量；不讨论政治问题等。

群规要言简意赅，且要将重要的消息放在前面。一般过于常见的群规可以省略，尽量不占用空间资源。每个社群几乎都有群成员发布广告的行为，因此每个社群都应该有一套比较完善的管理机制，以打造一个纯净的社群环境。群主可设立举报机制，也可吸纳活跃成员协助处理，如设立群管理员，给予群管理员足够的特权，以处理恶意发布广告的行为。

（4）运营工具。首先，从硬件方面来说，手机是必需品，可以用于群搬运、欢迎新人，也可用于主推产品的推广或在开展嘉宾讲座时进行同步转播。

其次，从软件方面来说，常用的软件有以下几种：打卡小程序，如小打卡、鲸打卡、鹅打卡等都能督促妈妈定期打卡，互相监督、互相促进；文档编辑软件，如石墨文档、金山文档、飞书文档等，这些文档支持多人同时在线编辑、多端同步，不受设备限制，成员还可以有选择地分享链接；图片设计软件，如创客贴能提供海报、PPT、社交图片等多种常用图片的设计模板，操作简单、易上手；抽奖助手可用来开展社群的抽奖活动，很适合在举办限时活动时使用，活跃群氛围。

（5）社群运营人员。一般来说，社群都有一个专业的、全职的运营团队，运营团队中的成员有核心运营者、协助运营者、小助手等。

核心运营者需要对整个社群负责，全盘规划，推进各项事情按计划节点进行，同时对计划进行监督、考核、复盘。

协助运营者一般协助核心运营者管理、点评群内成员的作业，并对成员进行引导、同成员互动等，类似于产品经理。

小助手主要做一些基本的日常性工作，如每日的早晚签到、产品发布、事项统计、意见收集及其他可以标准化的日常事务。

2.　社群中期

社群中期的工作主要包括以下 5 个方面。

（1）维护好核心成员。在完成了前期社群的内容生产工作后，社群发展到中期，我们要在持续更新内容的同时，挖掘、维护社群的核心成员。

核心成员主要有这些特征：对社群本身有认同感、时间较为充裕、有一定的领导力。

把核心成员找出来，让他们分担一定的社群任务，如助教、小组长、管理员等，使他们在社群中拥有话语权。核心成员对社群有认同感、使命感，他们会站在社群的角度思考问题，也会积极、主动地参与社群的管理与维护工作。

如果我们没有利用好核心成员，那么我们的社群就只能停留在初级层面，凡事只能群主亲力亲为，最后的结果可能是群主筋疲力尽却收效甚微。

（2）社群互动，提升成员黏性。群主和成员的互动方式有很多，如群主可以每天在发布内容的结尾处附上一段暖心、正能量的文字；群主可以设置有奖征集活动；群主可以邀请某位妈妈针对某类自用育儿产品做简短的分享；群主还可以设计猜谜语、成语接龙等问题类互动。这些互动方法在推文结尾处可以形成固定模块。不过需要注意的是，互动的方式和内容一定要和社群的定位相符，如果两者毫无关联性，可能会适得其反。

总之，我们在社群的推文中一定要加入别具一格的固定栏目、系列化内容。一旦确定了某种互动方式，就需要坚持。没有长期的输出，就无法形成有特色的内容和风格。

（3）建立更多的连接。首先，我们可以与在群里很少发表意见的成员私聊，或者请核心成员去和这些成员私聊，因为这部分成员可能会产生更多的连接和转化。

其次，我们要关注成员的动态。有些妈妈不喜欢在群里发言，但是她会在自己的自媒体平台、微信朋友圈发表一些观点、意见、生活日常。我们要合理运用这些平台捕捉成员的动态，可以针对她发表的观点、意见、生活日常与她进行沟通。例如，一位妈妈在微信朋友圈发布了自家孩子学前识字的心得，那么我们就可以在社群为她点赞，并引导她分享经验。

最后，给予成员存在感。对于在群里善于发言的妈妈，我们也要及时给予正面的反馈。例如，在某位妈妈发表了意见之后，我们可以@她，给她点赞，对她的意见表示赞同或进行补充。

（4）营造社群的集体荣誉感。首先，我们可以通过一些小细节，增强成员的参与感和认同感。例如，选取一个富有特色的社群名称；在成员昵称中添加一些他们的基本信息；主动欢迎、介绍新入群的成员；定期组织活动，在活动中促进成员之间的交流与连接，这样也会使社群内部的关系更融洽。

其次，我们可以在微信朋友圈、微博、微信公众号、简书等平台上，创造自己的话题标签，参与话题讨论，回复评论，使自己的话题标签沉淀，逐渐积累口碑和影响力。

最后，我们可以对优秀的作品、一些有创意的想法、某一话题热烈讨论的内容截图以展现成员积极、正向的一面。这样做不仅可以输出大量的 UGC（用户生产的内容），还会增强成员的荣誉感和归属感。

（5）社群打卡项目。如果我们的社群是妈妈兴趣类、孩子学习类、习惯养成类的，那么我们可以发起社群内的打卡活动。

打卡活动的主题一般是"坚持××天共同学习××技能""坚持××天养成亲子共读习惯"。在这样的活动中，我们可以设置一定的契约金，只有完成打卡才能领取一定比例的契约金，以促进打卡的坚持率。此外，我们也可以设置奖励机制，完成打卡可获得一定的奖励。长此以往，通过坚持打卡，也可以提升社群的活跃度。

例如，"早七点乐队"的打卡活动奖励规则（见图 4-6）。在一个月的时间内，这里聚集了 700 多条微信视频号打卡视频，让尤克里里的爱好者有了更多的展示空间，也提升了社群的活跃度和凝聚力。

3.　社群后期

社群后期的工作主要包括以下两个方面。

（1）搭建一套完整的奖励体系。如果社群在前期和中期运营得比较好，那么其已经足够支撑起社群后期的发展了。此时，我们需要建立一套比较完善的社群分享奖励体系，如分享育儿心得达到规定次数或发布好物推荐文章达到规定篇数，就可以获得对应等级的购物折扣、抵用券或实物奖励。将社群分享奖励体系公示给成员，也会刺激成员努力生产内容。

奖励门槛不能设置得过高，这样会打击成员参与的积极性；奖励门槛也不能设置得过低，否则就成了普惠的奖励，达不到提高内容质量的目标。

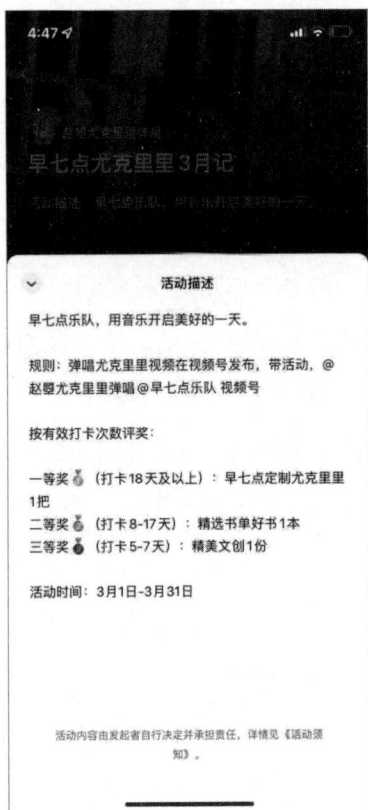

图4-6　"早七点乐队"的打卡活动奖励规则

（2）社群"换血"，淘汰不合格成员。成员都是有生命周期的，为了保持社群的活力，我们可以在合适的时候对社群进行"换血"。对社群"换血"主要有以下几种方式。

① 直接剔除某些成员。对在社群中长期不活跃、违反社群规定的成员，我们可以采取直接剔除的措施。

② 淘汰制度。成员要在社群内做出一定的成果，如晒过订单，或者发表过心得体会，这样才可以继续留在社群内，享受社群后续的服务。如果一直没有发表过心得体会，也没有实际成果的产出，那么我们可以在一定的周期后，对其进行劝退。

③ 筛选优质成员进入高阶群。在基础社群发展到一定程度时，可以重新建立一个高阶群，采用邀请或运营人员手动筛选名单的方式拉入符合要求的成员，如根据代理妈妈的销售额，将优质成员留存在高阶群中，并向其提供更高水准的服务。

社群也是一种产品，在启动社群之前，我们要做好底层设计和思考。我曾经在 2020 年 2 月，从 0 做起，打造了 62 个高黏性社群。那时虽然新冠肺炎疫情限制了大众的户外活动，但是足够的居家时间也为线上社群提供了很好的发展契机。鉴于此，我决定创建一个能让众多妈妈互相鼓励、沟通与交流育儿经验的社群。

在完成引流、"拉新"，用户群有了一定的规模之后，我们就可以进行用户群的日常运营了，以便和用户建立情感连接、活跃用户群。用户群的日常运营内容如图 4-7 所示。

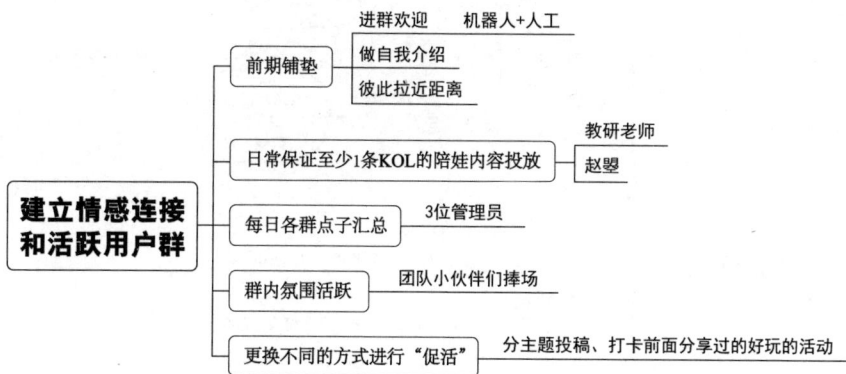

图 4-7　用户群的日常运营内容

用户群的日常运营，既要根据实际情况灵活变通，也要有固定的规划，尽量设计好产品的营销规划。例如，利用 10～20 条消息，给大家传授一些课程内容，让大家在学习新知识的同时，对课程也有所了解。

在用户群的运营过程中，我们可以激发用户进行创作，鼓励用户发表 UGC（用户生产的内容）。具体操作如下。

（1）选择简单、容易的 UGC 选题，最好可以使用户在 2~3 分钟完成。如果一开始的选题较难，那么用户的完成率就会较低。

（2）群主和核心 KOC（关键意见消费者）最好产出一些内容做引导。在激发用户进行创作时，抛砖引玉很重要，可以给予用户一定的启发与灵感。

（3）在用户发表内容之后，我们要积极地与用户互动，激发用户更强的表达欲。

合理使用工具可以大幅提高运营效率。用户群运营的工具和内容如图 4-8 所示。

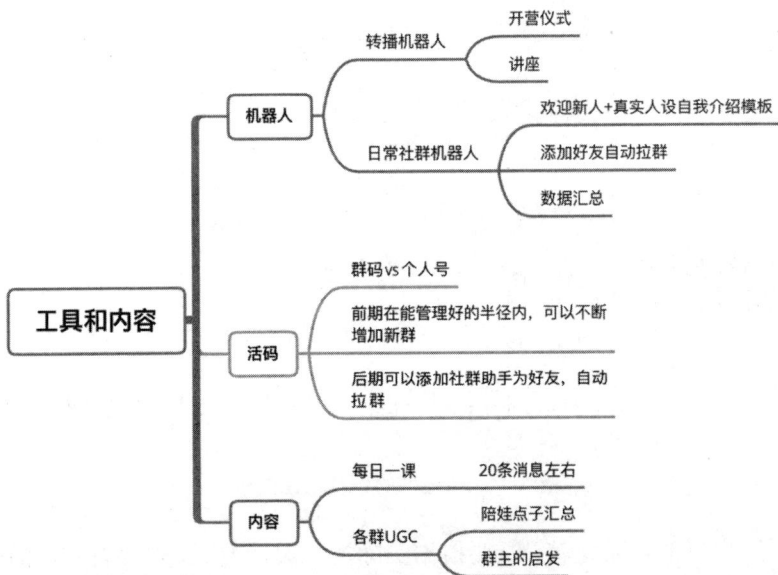

图 4-8 用户群运营的工具和内容

我们有了用户群运营工具的帮助，便可以在多个用户群进行内容的分享，实现内容的多群互通，从而在整体上实现运营流程的一致性。

例如，我们可以使用火把小助手、石墨文档等协作工具。如果公司的主营业务是社群，那么也可以把 UGC 的互动设计到产品里，产生多群 UGC 互通的效果。

和社群关联度最高的宣发渠道就是微信朋友圈，因此对于用户群的运营者来说，微信朋友圈的运营非常重要。在微信朋友圈及时更新社群内的优质内容，对于用户群的运营大有裨益。

这里我分享 3 点运营微信朋友圈的方法。

（1）微信朋友圈的内容尽量生活化，不要过于官方。

（2）在微信朋友圈中，适度进行产品推广，否则可能被用户屏蔽。

（3）在微信朋友圈中，多发表一些关于社群氛围的内容（如对问题的接龙、对群主的表白、优质内容的分享等），会吸引很多潜在用户主动申请加入社群。

除合理运用微信朋友圈之外，我们还可以将社群和微信公众号打通。最简单的方法是，在每次干货分享结束后，将干货迅速整理成文章，并发布在微信公众号上，方便用户后续查阅。

4.3.2　如何进行社群获客

众所周知，社群的核心是人，只有足够的人聚集起来才会产生流量。社群能否有大的发展，取决于它能否产生足够的私域流量。当社群拥有合适的定位时，社群群主就要开始考虑获客的问题了。社群获客是社群营销的基础，更是其中的关键。

因此，我们需要具备用户思维。用户思维就是始终围绕用户的需求和利益，先给予用户好处，赢得用户的好感和信任后，促使用户产生消费。在线上的社群业务中，如何低成本获客，也是一个不容忽视的关键问题。接下来我将讲述关于社群获客的一些内容。

一个社群的用户来自什么渠道，是令很多社群运营者都很苦恼的问题。想要精准地找到目标用户，实现从 0 到 1 的突破，其难度远比从 1 到 N 要大得多。一般来讲，我采用的用户群引流、"拉新"方法有如下 3 种。

（1）在微信朋友圈和社群中发布群二维码。

这是快速的引流、"拉新"方法，但是这种方法有一个很明显的缺点：可能会有营销广告者加入。此外，我们还要注意尽量不要在其他社群中进行引流、"拉新"。

（2）长期自媒体平台沉淀引流获客。

这是引流、"拉新"较精准的方法。但是，这种方法需要我们投入较长的时间，且需要我们有一定的内容功底。

（3）自媒体组合+定期活动运营裂变+持续团队增长。

这是一种持久的方法，通过多方位的组合，实现社群的长远发展。我们可以定期做一些"拉新"活动，如"转发社群海报送课程""打卡返现活动""邀请新人进群送小礼物"等。

通过引流，我们会获得一些新用户。在新人进群之后，我们要采取一些措施来调节社群的氛围、保持社群的活力。例如，利用群机器人对新人进群进行欢迎；鼓励新人做自我介绍，并进行一些互动等。

社群营销不是简单地把用户邀请进社群、在群里发送购买链接就可以的。我们可以从以下几个方面入手，做好社群营销。

1．邀请用户进群

在邀请用户时，我们应采取一些技巧，如进群送小礼物、进群可免费领取优惠券等。我们要尽量吸引用户主动进群，而不是生硬地把用户拉进群。同时，我们需要注意的是，在吸引用户时最好实实在在地给予用户一些好处，不要进行广告推广，否则用户会给社群贴上"广告推销群"的标签。

2．准备好内容/福利，实现用户的留存

用户被吸引进社群后，是抱有一定期待的，如果社群内的服务或产品没有满足其期待，那么用户很可能会主动退出。优质的内容、解决用户需求和痛点的产品、高质量的服务、合理的收费设计、必要的成员关系维护，都是实现用户留存的关键点。

如果是线上社群，那么我们要提前准备好可供我们持续发布一段时间的内容，用精彩的内容留住用户；如果是线下社群，那么我们可以利用某些用户占小便宜的心理，在没有建立感情连接之前，用一些实惠的福利来留存用户，如实物抽奖。无论是线上社群还是线下社群，通常来说，都是先投入后有回报。

3．建立情感连接，实现用户的转化

我们可以采用"福利+个人故事+内容干货+互动娱乐"的模式，和用户建立情感连接，从而实现用户的转化。例如在社群内，周一到周五进行干货分享，周六进行一些娱乐活动，周日在群内进行促销。通过转化流程，让用户在心理上对社群产生认同，从而相信我们的产品或服务，自主地产生购买行为，实现用户的转化。

实现用户的转化后，可能会有一批多次购买产品或服务的用户。这

意味着他们认可我们的产品或服务，且有较好的使用体验。而一位忠实的用户，可能会给我们带来 10 位新用户。因此，我们要重视复购用户，做好对复购用户的服务，使复购用户充分发挥口碑传播的作用。

4. 流失召回

流失召回是很多群主都容易忽略的一点，其实很多时候只是因为某一件小事而造成用户流失，可能我们稍加努力，就可以挽回流失的用户。在日常的运营中，我们要听取用户的意见，了解可能造成用户流失的潜在因素，详细追踪社群运营的每个步骤，不逃避、不掩盖问题，及时反思、总结，有针对性地进行用户维护，这样可以降低用户流失率，也可以更好地进行用户的流失召回。

5. 口碑裂变

当社群运营成果突出、运营流程完善，且有一定的口碑之后，我们就可以考虑利用原有用户的口碑传播，吸引新用户源源不断地加入，实现口碑裂变，扩大社群规模。

4.3.3　如何策划社群营销活动

社群营销的本质就是利用人脉圈扩大营销规模。在社群的活跃互动期，我们需要通过营销活动让更多的人了解社群，形成自传播。策划一场社群营销活动主要包括以下 7 个步骤。

1. 明确活动目标

目标如灯塔，指引着我们前进的方向，做任何事情都需要有目标。一般来说，社群活动的目标包括赢得用户关注、取得用户信任、推动产品销售。明确了活动目标，我们就能根据具体的活动目标制定具体的执行策略。

2. 明确目标用户

有了明确的活动目标之后，我们还要思考活动要针对哪些人来展开。在开展活动前，我们可以通过各种渠道和工具分析目标用户，得出具体的用户画像。只有活动的对象是目标用户，活动才有意义，才能最大限度地吸引用户，并实现后续的转化及留存。例如，一个高端美学课程的用户应该是有经济实力的微商团队长，如果分析错误，将微商新人作为目标用户，那么活动就不能实现预期的目标了。

3. 内容设置和包装

在明确了用户画像后，我们就能得出用户具体的关注点，以及他/她想获取什么价值。此时，我们可以先根据用户的期待进行内容设置，触达用户痛点，再对课程进行包装。通俗地讲就是制造噱头，也可以称为背书。例如，很多互联网知识付费社群在组织一场活动时，都会邀请行业"大咖"来做品牌背书，以凸显自己的实力很强、课程价值很大的特点。有了内容包装之后，很多用户就会对社群产生信任感，从而付费购买产品。

4. 分销裂变

在很多情况下，虽然我们能接触到付费用户，但是我们很难接触到用户周围的朋友群体。如今，流量越来越珍贵，而分销裂变能很好地获取流量、节省我们的营销成本。

对于很多人来说，即使觉得某个产品质量很好，也很少会主动分享给朋友；即使主动分享了，也最多分享给几个亲密的朋友。但是如果我们能提供给用户一定的利益，促使其主动分享，那么或许就能产生分销裂变，提高产品的销量了。

任何一场裂变活动，本质上都是在和微信的规则博弈，也是在和用户喜新厌旧的本性、天然的不信任感做斗争。

5. 确定运营工具

确定了分销裂变方案后，我们就要使用相应的运营工具，构建完整的活动流程。

6. 完成渠道分发

如果曝光量不够，那么再好的内容都没有意义。因此，做好渠道分发非常重要。我们一定要充分利用各种人脉资源与渠道资源，重视活动的预热，充分做好活动准备。

7. 复盘总结

无论我们组织的活动的效果是好还是差，对之后的活动来说都是宝贵的经验和财富。活动成功了，我们就要多总结经验；活动失败了，我们也无须气馁，而应该从失败中总结经验、教训，找到失败的原因。活动常见的失败原因主要包括定价不合理、偏离目标用户、产品没有吸引力、曝光量不够等。我们每做一场活动，都要复盘总结，为下一次活动提供借鉴和参考。

4.3.4 社群的 SOP

一个人能做好社群是基础能力，而商业逻辑是将优秀的流程可视化，并对其进行拆解，让好的操作流程可以复制，就像连锁餐厅和咖啡店，细节都在 SOP（Standard Operating Procedure，标准流程）中。对社群中的成员进行生命周期管理的最终目的是提升成员价值，进而为社群带来更高的收益与利润。每一位成员都是社群的重要财富，社群需要积少成多，凸显单个成员的价值。

1. 社群换新

如果社群内的成员长时间的活跃度较低，那么社群就没有吸引力和竞争力，不利于社群的进一步发展壮大，也不利于成员的留存及转化。因此，我们要定期对社群内的成员进行评估，评估其活跃度是否符合社群发展的需求，从而有针对性地剔除不符合要求的成员。同时，即便社群的规模已经足够大，我们也要不断地吸引新的成员加入，以保证社群内有新鲜的"血液"。

2. 社群互动

社群互动不仅包括成员之间进行语言方面的沟通、交流，还包括社群成员通过参与一些娱乐活动产生的互动。社群互动可以增进成员之间、社群群主和成员之间的了解，增强他们的感情连接，营造良好的社群氛围，提升社群的活跃度。常见的社群互动形式有话题讨论、每日打卡、有奖竞猜等。

3. 及时反馈成员

当成员在群内提出了一些需求时，我们一定要尽可能地满足其需求；当成员基于现有的社群状况，表达一些不满或提出意见时，要注意安抚成员的情绪，同时综合考量其提出的建议，如果是一个好的建议，那么要予以采纳并推进执行。

无论成员的反馈是正面的还是负面的，我们都要及时予以回复。这样不仅可以提高成员的参与感与认同感，还能使他们有一种被重视的感觉，这样他们会更愿意提出反馈、参与社群运营，从而推动社群更好的发展。满足成员的深度反馈，在某种程度上也可以提高社群的活跃度，而且也能吸引更多的成员进行反馈或展开交流讨论。某社群 SOP 参考如图 4-9 所示。

图 4-9　某社群 SOP 参考

4．线上、线下活动相结合

在线上聊天与在线下见面的体验差距很大。参加线下活动时，成员之间可以面对面地交流，情感连接的渠道及交流的切入点也有很多。例如，我们在线下活动中，可能会因为某位成员所穿的衣物正好是我们喜欢的款式而与其展开交流，从而进行更深入的了解，建立起较强的人际关系连接。如此一来，即便线下活动结束而转为线上活动，成员之间也会有更多的话题可以交流，从而提升社群的活跃度。

但是，需要注意的是，在一开始没有经验积累时，不要开展较大的线下活动，可以从小活动开始逐步积累经验。我们可以在线上社群进行线下活动的同步直播，这也是打通线上、线下的一个很好的方式。在线下活动中，我们可以拍摄照片并上传到线上社群中，这样可能会激发成员对活动的讨论与回顾，使他们有更多的互动话题，在无形中增强成员之间的情感连接，活跃社群的氛围。

在举办过一两次线下活动之后，我们还可以发动更多的成员来组织线下活动，这样可以提高成员在社群中的参与感，而且使他们有一种主人翁意识，能更好地将社群运营当作自己的事情。当大多数成员都有主人翁意识时，社群的活跃度自然也会提高。

4.3.5　从服务到组织——关于社群运营的 16 条心得

社群文化有助于强化社群的凝聚力和持续输出的能力。文化是基于社群的定位而产生的，需要群主用心经营。如果群主只顾追逐利益，随着时间的推移，社群文化就会逐渐消失，最终导致社群失去凝聚力和持续输出的能力。接下来，我将分享 16 条社群运营的心得，以供各位妈妈参考。

1. 没精力、没用户、没资源，该如何启动社群

俗话说："不下水，永远也学不会游泳。"对于各位妈妈而言，做任何一件事情的最好方法，就是立刻行动。我们可以先和身边 2~3 个关系好的朋友创建一个社群，感受、体会社群运营的相关内容。在掌握了社群运营的流程和方法后，再将社群进行大规模的推广。

2. 如何进行社群互动

互动是建立在人与人沟通的基础之上的。在社群内，核心成员可以

负责引导氛围，输出一些有趣的内容，促成社群内真实的、高频的互动。从传播的角度来看，不完美且在动态进步的内容更能获得人们的喜欢，因此核心成员在做分享的时候，可以适当进行自嘲，这样更有真实感。

我们在社群内不仅可以分享干货，还可以分享自己的体验，与成员保持良好的沟通，以提高成员参与的积极性。此外，我们还可以定期进行内容整理，汇总社群内的精华内容。

3. 如何解决社群活跃度降低的问题

如果社群内人数不多的话，那么我们可以新增精准人群；如果社群内人数过多的话，我们可以通过筛选，将核心用户引导至新的社群。

4. 如何调动成员的积极性，但又不想让社群的商业气息太过浓厚

其实，只要社群足够有吸引力、足够专业化，商业变现是轻而易举的事情。我们可以先通过发红包、接龙等小技巧调动社群内的氛围，调动成员的积极性，然后适时地推出产品，对产品进行多维度的专业化解读，让用户放心、安心地购买。

5. 如何进行用户留存

想要长期获得用户的关注和信任，我们一定要抓住用户的需求和痛点，保证群内有价值输出，让用户遇到问题或有需求时就会想起这个社群。

此外，我们还可以维护几个高质量的"种子"用户，保证他们在社群内的活跃度，以便能够更好地产生裂变，留存更多的用户。这样的做法符合"二八法则"，即耗费80%的精力去维护好20%的用户，另外80%的用户自然会被吸引，选择留存。

6. 如何做好价值输出跟自己的产品挂钩，带动社群的活跃度

我们可以通过做线上课程、顾问咨询，或者分销用户群体需要的产品变现，如公益阅读可以分销书籍或做付费阅读训练营。只要有能吸引用户的价值，一般都能通过周边变现。

此外，我们还可以多分享、设置一些价位低的高频消费品或付费产品，让更多的人尝试下单和咨询，并记录、维护好这些用户，了解其需求后，进一步推出高客单价的产品。

7. 如何引导黏性高的成员推荐其他朋友入群

我们可以推出分销活动，如老用户可以将社群推荐给一位朋友。如果这位朋友进群并下单，那么这名老用户凭截图可以获得社群赠送的奖品。

8. 如何让社群自动运转

对社群内积极、活跃的成员，我们要给予鼓励，培养其成为群管理员，并为其提供一定的成长空间和利润分红，从而搭建起团队体系。

9. 主动添加用户会不会被人投诉导致封号

最好是通过输出有价值的内容让用户主动添加我们。如果我们主动添加用户的话，那么最好先观察用户的头像、个性签名或朋友圈，在有了大致的了解后，判断他们是不是我们的目标用户，若是目标用户再去添加。

此外，我们尽量不要批量、机械性地添加用户，最好在不同时间段添加，虽然这种做法效率较低，但是避免了被封号的风险。

10. 一个优质的育儿群应具备哪些特点

首先，群内要有核心人物，一般是群主；其次，群内的内容要有价值，群主要在相关领域有比较深刻的见解和认识；最后，群内还要有"种子"用户，他们可以带动群内氛围，辅助群主进行社群运营。

11. 社群内推送的内容和频率

社群内推送的内容要根据社群的属性来定，内容不局限于相关领域的专业知识或社群活动，也可以在社群内进行名言分享、哲理分享、歌曲推荐、信息咨询等，充分发挥社群的作用，活跃社群的氛围。从频率上来讲，一般一天早、中、晚各一次即可。

12. 发布公告时如何做才不会打扰到用户

首先，选定发布公告的时间，时间过早或过晚都不合适，会打扰群内成员休息；其次，确定公告的内容是非常重要的，且内容要尽量简单、明了；最后，规划好一段时间内发布公告的频次，避免用户产生阅读倦怠，并且频繁发布公告会造成上一个公告的时效缩短。

13. 课程结束后，需要解散社群吗

是否要将社群解散，我们需要综合评估多方面的因素，如自己是否有精力经营，是否有同类社群可以做合并等。如果没有精力经营，我们可以筛选"种子"用户，将其导流到其他社群，再将社群解散。

14. 一个社群最初的人数为多少人合适

我们需要明白一个道理：社群的成员在于质量精，而不在于数量多。因此，无论社群的人数是十几人、几十人，还是上百人，社群都可以运营得很好。规模小的社群可以追求成员之间的亲密度、调性、同频；规模中等的社群可以开始尝试建立规则、制度，集中调动一些活跃用户；规模比较大的社群则可以通过定期的活动调动成员的积极性，实现成员的转化、留存。

15. 回馈社群内成员的方法有哪些

社群获利可以通过分销、社群收费、销售产品等方式来实现，而回馈社群内成员也有很多方法。举例来说，社群内成员分销产品，我们可以给予其一定的现金红包，或者帮助他们对接资源、解决遇到的问题等。我们一定要在深入了解用户的需求和痛点的基础上，采取合理的回馈方法，并进行有针对性的价值输出与赋能，进一步提高他们的社群黏性。

16. 知识付费类社群该如何维护

对于知识付费类社群，我们可以汇总群内用户提出的问题，分析这些问题的类别及提问频次，找到用户最关心的、共性的问题，围绕这些问题展开全方位的叙述，并将与这些问题相关的所有问题进行汇总、整理，定期输出。

高黏度的兴趣类社群："早七点乐队"

"早七点乐队"成立于 2021 年 7 月 1 日，目前全国已有 500 多位热爱音乐的妈妈在共同践行和推广音乐启蒙，用音乐进行自我沟通和疗愈，在音乐中找到向上的力量。

让每个家庭实现音乐自由

"早七点乐队"的用户是尤克里里的学习和爱好者，他们互相分享音乐、传递音乐，从音乐中获得内心力量。作为官方组织者，"早七点乐队"为用户搭建学习、创造、分享的平台，同时提供乐器选购和尤克里里教学的服务。由于创始人赵堃在妈妈社群领域深耕，这个群体以妈妈为主，所以也会鼓励妈妈分享育儿、职场中的真实生活，把"早七点乐队"作为一个精神上的"自留地"。

章喆说，"早七点乐队"内部有一个使命——让每个家庭实现音乐自由。许多家庭的孩子，甚至很多成年人，由于观念或经济上的因素，在成长早期并没有得到足够的音乐熏陶和审美教育。按照章喆的说法，他有时回想起来，也会觉得这是一件遗憾的事情。不论是音乐对于儿童发展早期在大脑和四肢协调性上的促进作用，还是音乐或演奏本身的审美、疗愈价值，音乐都值得让更多的人参与和感受到。"早七点乐队"里除了赵堃，还有很多具有专业音乐背景的老师，但大家一致选择了尤克里里这种容易上手的乐器，大家的这个选择也寄予了我们在音乐普惠上的愿景。

基于这个愿景，"早七点乐队"目前也正在着力搭建一个乐器演奏、音乐教学、个人创作和周边产品的社交推广的社群生态。其中，章喆特别提到了他对于创作的推崇。无论是作词、作曲，还是演奏改编、乐器制作，人们总是可以从倾入自己思想的创造之中获得启迪和愉悦，这也是章喆由衷期望音乐能够带给每个人的美妙体验。从商业的角度出发，我们希望每个人在创造、传递音乐体验和技能的同时，也可以把它作为一个副业，发挥自己的技能以实现组织内职能的分工，同时实现精神和物质上的富足。

"早七点乐队"的故事

选择"早七点乐队"作为品牌名，源于赵罂在创立之初就有计划未来每天早上 7 点进行微信视频号的音乐教学和分享直播。直播 100 天之后，赵罂看到了这件事对妈妈的积极影响，以及对个人 IP 打造的加持和对内在自我的联结。

于是，她从 2022 年 2 月 1 日开始正式启动每天早上 7 点的直播计划，"早七点乐队"有一个梦想——把这个直播计划坚持 10 年。此外，他们也希望将"一日之计在于晨"的自律准则传递给大家，让大家相信早起是能带来奇迹的持续性行动。

早期的"早七点乐队"更多的是线下活动性质的组织。

从 2015 年起，赵罂开始在美国举办线下双语早教活动，也曾在美国某图书馆推广尤克里里弹唱。在做全职妈妈的 4 年时间里，赵罂在中国、美国的 20 多个城市举办了 300 多场线下双语音乐亲子课活动，每年组织举办一场儿童双语合唱团训练及演出，邀请国内顶尖青年合唱指挥家邢珊珊老师做指挥。

2018 年，赵嫛回国 3 趟，将双语音乐早教的形式进行了商业模式的设计和初步落地，她获得了由中国教育部、科技部等举办的"春晖杯"中国留学人员创新创业大赛的创业奖。到杭州出差时，她获得了当时一家头部母婴公司 500 万元的天使投资意向书，这也坚定了赵嫛回国的决心。

2019 年，赵嫛曾在天猫乐器体验馆总部做品牌方面的工作。在"天猫看乐展"的直播中，她作为主播，单场直播 6 小时，在线观看人数为 109 万人，点赞次数为 211 万次。赵嫛也在自己公司所在的园区内部组织了一系列的学习、演出活动，大家的响应很积极。

2020 年，因去云南文山革羊小学支教，赵嫛开启了更广泛的尤克里里公益教学，为山区的孩子带来了丰富的课余生活。

2021 年，为了筹款给山区孩子买尤克里里，赵嫛开启了尤克里里冬令营，课程款项有一半用来给山区孩子购买尤克里里，同时在"有谱么"App 上开始打谱，一年时间曲谱浏览量超过 500 万次，连续 14 个月在平台谱作者中排名第一。

2022 年，课程推广到线上之后，团队也见证了妈妈在参与时从音乐中汲取到的力量，同时得到了他人和自己内心认可的过程。有些妈妈甚至很动情地讲述了自己遇到"早七点乐队"后，通过音乐使自己从琐事中挣脱出来，带给自己精神滋养和心灵成长的故事，我们听到之后也很受触动。目前，"早七点乐队"的用户基本都会自发地传播品牌，其已经影响了上千名的活跃用户，而且每个月用户都以超过 50% 的速度在增长。

团队灵活的远程工作协作

"早七点乐队"的团队协同方式和常见组织有所不同。聊起如何加入"早七点乐队"，章喆说，在和赵璺共事期间，赵璺在公司就组织了几场尤克里里的下午茶活动。他当时第一次接触尤克里里这种乐器，很受感染。后来和赵璺做了几次深入的交流，觉得"早七点乐队"是一个很有意义也很有商业价值的项目，于是希望把它的影响力扩大。章喆本人是学数学出身的，之前一直在做与教育相关的工作，在技术方面也有涉猎，所以他对把音乐、教育、技术这些方面通过新的组织形态结合起来这件事很感兴趣。他把这个想法和内部成员沟通之后，大家一拍即合，随后就开始了"早七点乐队"项目的商业化道路的摸索和推进。

核心团队现在主要是由四五位全职妈妈组成的。章喆和赵璺有一个设想，就是希望尽可能地改善"中心化"的管理组织，通过组织架构和规则的设计迭代精进，用足够小的内部团队运转一件影响力足够大的事情，逐步形成去"中心化"的自治组织，这和现在常规的创业模式其实是挺不一样的。

这里有两个关键点。一是"早七点乐队"内部团队的工作方式。由于大家都是远程，团队在运行阶段非常需要追求效率。比如，我们会极力地避开一个人讲而其他人听的共识会。如果有需要大家同步的重要信息，尽量用精简的语言发在群里或私信。另外，团队要求每个人对自己的项目目标独立负责，以减少职责上的冗余和推诿。当然，氛围上还是鼓励大家协作共创，所以当需要额外的资源或想法注入的时候，也鼓励大家公开发起请求。这种合作形式是建立在充分信任、追求成长的团队文化之上的。

二是外部人员的组织和协同。"早七点乐队"有一个设想：未来会以内部成员作为杠杆，参与规则和组织形态作为支点，撬动所有事情的发生和推进。比如，"早七点乐队"对外有一个尤克里里的考级活动，这里面的考官资格是通过考级获取的。而做考官的好处是他可以通过考级评审，得到一些收入上的激励。那如何保证考官尽职尽责呢？"早七点乐队"会通过交叉互评、数据识别的手段建立一套信用体系，从而对异常的考官进行淘汰。事实上，"早七点乐队"希望以这种少量的内部人员管理介入和大量去"中心化"的规则设计迭代相结合的模式，来确保社群高效、正确地运转。

让音乐成为每个人生活中的光

2022 年，团队内部的主要工作重心是验证商业模式。"早七点乐队"希望从妈妈这个用户群体出发，通过乐器教学、家庭音乐教育、线上/线下活动的服务，打造出优质的音乐教学产品，扩大品牌的影响力，同时实现公司的盈利。除了团队内部的产品和运营输出，"早七点乐队"也会帮助音乐爱好者孵化个人 IP，扩大品牌传播力。务实地看，"早七点乐队"需要先在商业模式上站稳脚跟，把能传达的价值和用户感知到的价值做一个平衡，从而更好地服务热爱音乐的人和家庭。

在内容和品牌上，"早七点乐队"希望通过自媒体平台运营孵化、线上和线下表演、录制高质量音乐视频的方式，让更多的人通过自己的教学、创造、分享，参与和感受到音乐的趣味和力量；在商业模式的探索上，"早七点乐队"会把销售和运营的自组织形态逐步搭建起来，帮助这个生态中的每个人提升自己的技能。章喆说，他相信这会是对音乐生态及我们每个人的生活都产生积极影响的事情，让音乐成为每个人生活中的光。

第 5 章

社群出单：社群营销与 KOC 推荐

与大 IP 的 KOL 带货不同，社群营销和 KOC 推荐是一种离用户更近、更注重细节的带货方式。KOL 自带光环，而 KOC 就在我们身边。通过社群营销和 KOC 推荐，让用户能自然而然地受到影响，进入用户心智，同时在产品和用户之间建立良好的连接。

5.1　社群营销

社群营销不是通俗的"微商"，而是将线上、线下相结合，将本职工作与副业相结合。在社群营销的过程中，我们不仅能提高文案能力、审美能力、共情能力和领导能力，还可以提高对经济市场的感知能力、对社会发展趋势的判断能力。因为只有我们的社群符合社会发展的趋势，且不断更新内容、捕捉潮流资讯，我们才能将社群运营得更好，也才能更好促进社群内用户的转化、裂变。

5.1.1　私域流量池运营：高转化、高复购的深度分销

在移动互联网时代，海量信息占据了人们大部分的社交时间，在一定程度上造成了"酒香也怕巷子深"的局面。用户的揽新成本日益提高，此时社群只能将目光转向存量用户，关注老用户的复购情况，期待以老用户的高复购实现破局。但复购不是创建一个微信群，定时发布广告，

用户就会甘之如饴地进行消费，其背后拥有底层逻辑。

当私域流量经历了前期的吸引与互动阶段后，就进入了留存阶段。这一阶段的主要指标是提高用户的复购率，我们可以通过留存率计算公式（不同场景中计算公式不同，在此暂不展开）直观地感受运营质量的动态变化。

例如，A 产品每天能够吸引 50 名用户购买。在 90 天后，这 50 名用户中有 10 名用户依然在购买 A 产品，此时我们就可以说 A 产品在 90 天内的用户留存率为20%。同时控制变量，假设 A 产品每个月的揽新活动力度不变，由用户留存率计算公式算出每个月会增加 300 名优质用户。

B 产品每天能够吸引 100 名用户购买。在 90 天后，这 100 名用户中只有 5 名用户在继续购买 B 产品，此时我们就可以说 B 产品在 90 天内的用户留存率仅为 5%。依然控制变量，我们会发现 B 产品每个月积累的优质用户仅为 A 产品的一半，但揽新成本是 A 产品的两倍。

一件产品的留存率越低，就越不适合社群花大力气去推广。原因很简单：成本太高，最终收益太少。由此可见用户留存的重要性。用户留存与社群前期的投放成本、后期的效益相关性较强。私域流量复购有七大因素，包括构建流量池、社群品牌力、超强的触达手段、互动增强信任、交易转化、口碑转介绍、内部组织力，如图 5-1 所示。

1．构建流量池

由于优质品牌越来越多，社群需要将所有的用户留存在自己的流量池中，并且要做好标签分类。

1	构建流量池
2	社群品牌力
3	超强的触达手段
4	互动增强信任
5	交易转化
6	口碑转介绍
7	内部组织力

图 5-1　私域流量复购的七大因素

2．社群品牌力

品牌力是社群最大的流量池，社群需要在私域流量中有意识地构建自己的品牌力。

3．超强的触达手段

社群需要将品牌活动的各种优势、价值传递给用户，否则即便再优惠的活动，若用户根本不知道有这个活动那也无济于事。

4．互动增强信任

用户对社群品牌越信任，就越愿意为其花钱。信任是社群构建互动的目的之一。

5.　交易转化

对于社群而言，一切经营活动的落脚点最终都会归结到营收层面，社群需要用交易来识别超级用户，避免营销成本的浪费。

6.　口碑转介绍

让老用户为社群带来新用户，这样的口碑传播可以采用线下途径，也可以通过线上来实现。

7.　内部组织力

内部组织力是执行私域流量复购的关键点，也是私域流量复购做得好与不好的核心关键点。

这些因素归根结底都是为社群用户营造一种归属感，进而为私域流量变现提供基础。总而言之，随着时代的发展、用户消费习惯的变化，众多因素都在促使用户的决策方式发生着变化，因此社群一定要做好私域流量的运营。如果社群持续加强管理、不断打磨经营方式，就会发现社群的老用户越来越多，复购率越来越高，效益也越来越好。

社群不仅是渠道，更是战略；社群不仅涉及一整条产业链，还体现了全新的商业模式。通过社群的形式实现销售，更接近新时代营销的本质：以人为本，从而建立产品价值和用户需求的连接。好的营销应该是帮助彼此进行价值交换，让用户更容易获得那些能满足他们需求的产品或服务，从而产生消费、拉动内需。

社群营销的意义：它不仅可以为我们带来利益的增长，还可以提升我们的个人 IP 影响力和社会责任感。营销与品牌相辅相成，它既能为企业服务，又能为个人和社会带来价值。新冠肺炎疫情带来的经济模式的变化，使很多人深受影响，唯有转变自己的思维模式和营销模式才能谋求更好的发展。

5.1.2　营销的自我更新：精细化的营销管理

在新的营销时代，我们不仅需要基础的广告和曝光，还需要做精细化的营销管理，从用户的角度出发了解用户的需求，从用户的角度去设计品牌推广素材和物料。同时，在跟进管理方面我们也应该更加人性化，让社群内的用户买得开心。我们在进行精细化的营销管理时，具体可以从以下几个方面入手。

1.　建立用户画像

用户画像也被称为用户角色，并被广泛应用于各个领域。用户画像可以体现目标用户的诉求，勾画出目标用户的基本特征，使我们可以按照目标用户的诉求进行产品的设计与营销。

在为用户进行画像的过程中，我们往往会将用户的特征、行为与期待以浅显易懂、生活化的话语描述出来，并进行相应的数据转化，使之呈现一定的规律。

用户画像是现实中真实用户的缩影，在一定程度上体现了用户的真实情况，其不是脱离现实、脱离产品和市场后虚拟构建出来的。我们需要注意的是，用户画像要具有代表性，即用户角色要能够代表目标人群。

简单来说，用户画像是一个标签，这个标签是从海量用户的行为、观点、目标等方面的差异中提炼出来的。用户画像基于海量的用户数据，根据用户差异、各类用户的明显特征将用户划分为不同的类别，从而形成人物原型，为之后的营销活动提供参考和借鉴。总而言之，我们可以利用用户画像为用户"打标签"，具体包括以下 3 种标签。

（1）统计类标签。此类标签一般体现用户的基本信息，如年龄、城市、性别等。

（2）规则类标签。此类标签一般体现用户的消费情况，如消费频次、消费金额等。

（3）学习挖掘类标签。此类标签一般体现用户的复杂信息，如实现价值、产品偏好、流失意向等。

在实践中，无论我们的营销对象是产品、社群，还是服务、资源，都可以为用户建立画像。通过用户画像，我们可以了解目标用户的特征、实际诉求、偏好等，从而可以有针对性地进行个性化营销，提高用户转化率，实现营销成果的最优化。

根据行业、目标群体的不同，用户画像也不尽相同。但通过用户画像，可总结出用户的几种类型。

（1）心不在焉型。此类用户的下单频率高，但可能因为其在购物时又在忙别的事情而没有付款或忘记付款，最终没有产生实际的购买行为。针对此类用户，我们可以采取短信提醒或给予一定优惠的方式，促成最终的成交。

（2）高要求型。此类用户对于产品的质量、品牌、款式等有着严格的要求，他们力求购买到最好的产品，以满足自己的物质需求。针对此类用户，我们可以投其所好，给他们提供采用新技术、具有潮流元素、款式新颖的产品，并且我们可以通过一些优惠活动促使他们额外消费，购买增值服务。

（3）追求高性价比型。此类用户喜欢购买性价比高的二手产品，他们不介意二手产品的折旧与瑕疵，而更注重二手产品的实用性能。针对此类用户，我们一定要突出产品的性能，展现出产品的使用价值，并且可以通过特价、抢购等方式进行促销。

（4）急切型。此类用户在购买产品时没有很多耐心，不会花费过多的时间浏览、对比产品，而是想在最短的时间内找到满足自己需求的产品。针对此类用户，我们需要根据他们的消费习惯及行为特征，为其推荐能解决他们痛点的、最合适他们的产品。

2. 建立用户标签

精细化营销管理的关键是建立用户标签。社群的运营人员可以通过企业微信中的标签功能对用户进行分类。标签是企业微信的亮点功能，该功能能够帮助社群的运营人员对用户进行备注和分类。举例来说，我们可以为用户打上等级、是否已经购买、有无复购经历等标签。这样可以极大地方便后续的销售策略及消息推送，降低沟通成本。

同时，社群的运营人员还可以利用标签快速筛选用户，为具有不同标签的用户提供差异化的服务。例如，社群的运营人员可以根据标签，对未购买的用户推送首单优惠的消息；对已购买的用户推送复购有礼的消息；对低消费的用户推送优惠、激励等"促活"消息；对高消费的用户推送购买赠送礼包、"买得多送得多"等"固粉"消息。

3. 用户需求挖掘：找痛点，踩痛点，提方案

"现代营销学之父"菲利普·科特勒对营销的解释：发现还没有被满足的需求并满足它。用户只有对产品有需求，才可能对产品产生购买欲。如果我们压根儿不清楚用户的需求，那么想要成功打开市场就是痴

人说梦。对于用户来说，其最大的特点就是存在消费需求。因此，社群的运营人员应设身处地地站在用户的角度为用户着想，激起用户对产品的需求与渴望。

5.1.3　普通人如何调整心态，自然而大方地带货

很多人认为推销产品是一件难以启齿的事情，但当我们选择成为妈妈团队中的一员时，我们就需要积极地走出去，自然而大方地去推销产品。

从小到大，我的性格都比较内向，如我在学校上课时不会主动举手回答问题、在演讲时会感到紧张、在人群中也非常不显眼。之前一起与我运营微信公众号的搭档这样描述我：很容易害羞，甚至有点轻微的社交恐惧。

这种性格带给我的有利之处是使我具有目标明确、决策果断、沟通高效、思路清晰的优势。我不擅长在线下表现，但在线上表现时会自然很多。我比较喜欢倾听，通常不会先入为主或好为人师，而是先了解对方的需求和具体情况，再想好方案，实现精准沟通。

我在读高中、大学时曾做过一些小生意，可能也在一定程度上锻炼了我的商业化运作的能力。在读高中的时候，熄灯后我们没办法学习，我刚好有机会接触到头灯的货源渠道，因此我先将头灯批发回来，再卖给同学们。为了多出货，中午在饭点的时候我会在食堂门口摆摊，还在一些班级设了分销代理。

起初我把手机号写到传单上，每晚都在宿舍楼里发传单，但后来我发现发传单的效果一般。于是我就去宿舍楼挨个敲门，进去先做自我介绍，再推销产品。一开始，我每次敲门前都担心被拒绝，直到慢

慢习惯被拒绝，因为实际上这样做成功的概率不会很大，大家也不会关注一个上门的推销员。不抱希望的话，也就不怕失望，同时会更放得开一些。我会根据宿舍里同学的反应，决定是否应该在讲完后早点离开。

圣诞节时，我在校门口卖过苹果。苹果是我和朋友在寒冷的冬夜骑着三轮摩托车以 1 元 1 个的价格从农贸市场批发的，然后用精美的包装纸包装后定价为 5 元 1 个出售。我们还给一个橙子和一个苹果的套餐命名为"青橙之恋"，定价为 10 元。当时，在平安夜与圣诞节两天的时间里，我们赚了 2000 余元，我和一起摆摊的朋友平分了，我们都特别开心。

在读大学时我还卖过二手图书，我先从毕业生那里以 0.5～1 元每本的价格回收二手图书，再以 5～10 元每本的价格卖给低年级同学。当时，我每天都要扛着重重的图书回宿舍，虽然很辛苦，但好在收益不菲。对我来说，销售能带来赚钱的乐趣与成就感，能观察到更多的人和事，而这些因素共同驱使我享受销售的过程。

有些妈妈迈不出第一步，一是担心做销售对自己的影响不好，二是担心别人的恶意反馈。但既然我们选择了做销售，就需要具备乐观与不怕拒绝的心态。乐观是人们在生活中即使遇到挫折和逆境，也相信事情会朝着有利方向发展的一种宝贵品质。乐观能够大大地提高自身的抗压能力，让人在逆境中看到希望，重新找到正确的道路。

没有人不喜欢充满正能量的人，乐观的销售方式会更容易接近和打动他人，因为销售本身就是一种信心的传递和信念的转移。乐观具备强大的感染力和影响力，我们可以用积极的情绪向他人进行移情，当其购买产品或服务时，在享受产品本身优质内容的同时还能获得良好的消费体验。

　　在这里我总结一下普通人突破自己的心理障碍，以便更高效地进行社群营销和出单的小技巧，供各位妈妈参考。

　　（1）花时间研究产品，找到自己心仪的一些产品，生产合适的物料。

　　（2）对用户进行精准的分类并给用户"打标签"，以方便管理。

　　（3）经常复盘，对常用语句和流程进行收藏和整理，方便复用。

　　这些方法都可以减少无效的沟通，并帮助我们减轻沟通压力，使我们能够高效出单。

　　很少有人天生就有好运气，大部分人的成功都需要脚踏实地的努力。因此，我们要敢于迈出第一步，勇于尝试、不怕试错。

5.1.4　付费社群的建立和运营

　　我们在做社群的时候，不要忘记社群本身也是产品。社群除了能为原有产品提供服务和增长价值，其本身也可以作为产品进行销售，让用户为其价值买单。

　　有些社群虽然成员很多，但发布广告的人也非常多，造成内容毫无营养。还有些社群即便社群内干货很多，但用户的互动很少，这样的社群活跃度、用户黏性都很低。

　　我们可以用付费社群的方法解决上述问题。付费社群的建立和运营的方法如图 5-2 所示。

　　1. 社群轻门槛筛选：和对的人相处

　　我们首先需要思考一个底层的逻辑问题：为什么要做付费社群？

不管费用是 19.9 元、88 元、365 元，还是 3000 元，金钱是社群和用户相互筛选的门槛，以便达到使用户和社群同频的目的。例如，用户在付费进入我的社群前，要先经过 3 个问题的"灵魂拷问"。

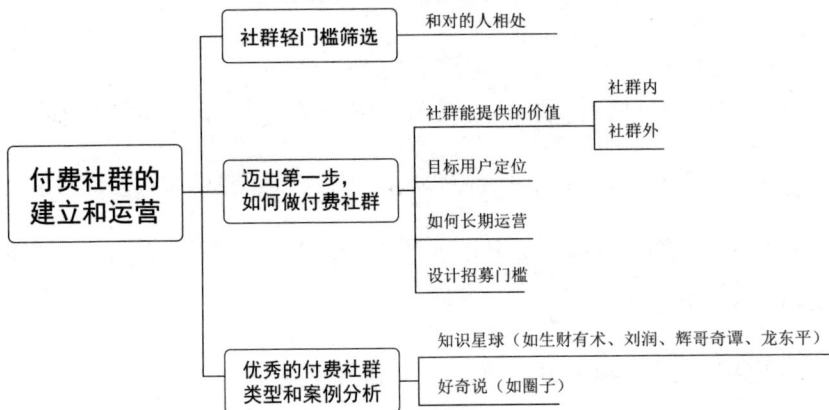

图 5-2　付费社群的建立和运营的方法

2. 迈出第一步，如何做付费社群

我们可以通过以下 4 个步骤来做付费社群。

（1）明确自己的社群能提供的价值。想好自己的定位，明确自己的社群所能提供的和其他社群不同的价值。而且也要尽量在能力范围之内，使服务和社群的价值相匹配。社群提供的价值有在社群内的，也有在社群外的。

在社群内，群主要提供社群运营、个人 IP 运营、团队运营方面的经验，为大家提供一个交流的平台，还可以介绍并深度连接自己的项目，不定期地提供一些兼职的机会；在社群外，我们可以对部分成员进行一对一的赋能，为其项目提供一些切实可行的建议或实质性的支持。

（2）明确目标用户定位。在建立付费社群之前，我们需要明确社群的目标用户，如社群为哪些人群服务，想吸引哪些人，如何引导和吸引等。

（3）确定如何长期运营社群。我们还需要思考如何长期运营社群，梳理出社群内容或服务框架，列出相关的工作内容，并思考如何落地执行。

（4）招募门槛的设计。付费社群需要一定的招募门槛，我们可以设计报名表，明确筛选条件。其实做付费社群和做 IP 一样，最好选择自己喜爱且熟悉的领域，这样在运营过程中就不会觉得有负担。做好这些准备工作之后，我们就可以开始拟定招募文档，设计细致的招募流程及充满仪式感的环节了。

3. 优秀的付费社群类型和案例分享

目前，市面上大部分的付费社群使用的工具是"知识星球"和"小鹅通"。工具只是辅助内容输出的载体，我们真正需要做的是在微信公众号和朋友圈呈现付费内容。但需要注意的是，输出内容的时候要有分层规划，如哪些内容输出到付费社群里，哪些内容输出到免费社群里。把精品的内容放到付费社群中，这样才能使社群内容形成良好的沉淀，同时还能更加完善用户自动分享的流程。

5.2　KOC 推荐

直播带货、短视频带货发展火热，但很多人对更亲民的 KOC（关键意见消费者）的信任度更高。因为 KOC 自己就是消费者，其分享的内容、推荐的产品都是经过他们亲身体验的。KOC 与普通消费者的距离更近，也更加注重和粉丝的互动，彼此之间的信任感更强。

5.2.1 KOC 推荐物料细节

自媒体平台的兴起，让品牌不再是"大 V"的特权，每个人都可以有自己的品牌。而微信生态圈，让好友关系得以"网状"似的不断蔓延。朋友圈、视频号、公众号的强化，在不断验证着"六度人脉关系理论"。

私域营销是以产品或团队长调性品牌风格为灵魂，以人脉关系为增长裂变渠道，以团队激发和管理为长期战略的一种新型商业模式。适合高毛利、口碑持续保持优质且有长远发展前景的产品。

虽不能将 KOC 称为关键意见领袖，但其一般是指能影响自己的朋友、粉丝产生消费行为的关键意见消费者，且 KOC 在垂直用户中拥有较大的决策影响力，他们在某些平台的带货能力很强。而 KOC 推荐，简单来说就是一个关键意见消费者推荐一款产品促使大家购买。

KOC 推荐方式有视频、图片两种，各种方式的相关物料、制作步骤、剪辑处理如下所述。

1. 视频

（1）拍摄设备：一部手机、一个支架。

不需要使用"高大上"的单反相机拍摄 KOC 推荐视频，使用手机拍摄视频简单、易上手，还可以提高拍摄推荐视频的效率。

（2）拍摄步骤。在拍摄推荐视频时，首先要选择一个光线适宜的地方，然后布置一个有氛围感的小场景，用三脚架将手机固定好。

第一步：手机录像模式调节至 4K、60 帧，这样的视频画面较清晰。

第二步：将焦距调为 2 倍，这样的视频很自然且富有生活感。

第三步：准确地对焦，这样的视频画面可以带点自然的灰度。

第四步：分段拍摄。例如，可分为 3 个场景进行拍摄。场景一是拆箱，将产品拿出来；场景二是一边展示产品一边讲解购买理由或相关趣事；场景三是拍摄具体的使用场景，若产品是玩具，则可以拍摄孩子玩玩具的画面。

第五步：用电脑上传视频。因为用电脑上传的视频像素会比用手机上传的视频像素高很多，如果直接用手机上传，像素就会被压缩，造成视频模糊。

（3）视频剪辑软件。市面上的视频剪辑软件有很多，在此我给大家推荐两款易操作、功能齐全的视频剪辑软件。

"剪映 App"：带有全面的剪辑功能，支持变速、字幕识别、画中画等多种功能，操作简单，非常适合新手使用。

"闪光视频"：可以自动识别我们的视频语音，根据产品的不同，生成与之匹配的贴纸，方便快捷。

2. 图片

（1）修图软件推荐。"美图秀秀"：具有一键抠图、边框素材、消除笔、文字素材等功能，操作便捷；"黄油相机"：字体适合用来做超级标题，以及封面排版；"稿定设计"：适用于制作海报；"可画"：功能很齐全，可用于制作版面、海报；"微商水印"：可一键修图，方便快捷。

（2）拍摄图片的注意事项。首先，拍摄图片时要保证充足的光线。手机的感光元件小，无论像素有多高，都需要有充足的光线才能拍出清晰的照片。白天我们最好在自然光线充足的地方拍摄，如室外或室内靠窗的位置；夜间我们在拍摄时也尽可能地保证足够的光线，尝试从顺、逆、侧光方位去拍摄，以实现拍摄效果最佳。

其次，规避镜头局限。广角镜头适用于拍摄大场景的照片，如果用广角镜头拍摄人像或静物，则会产生严重的畸变，使画面失真、不自然。在拍摄人像或静物时要站远一点，拉近焦距，但焦距一般要控制在1～2倍间，否则可能会过度失真。开启人像模式来拍摄人物或静物时需要注意：场景要干净、简单，层次分明。

再次，合理调整曝光度。我们在拍摄的时候，要根据场景手动调整曝光度。如果需要干净、清晰的场景，那么一般拉高曝光；如果需要对比强烈凸显质感的场景，那么一般拉低曝光。

最后，利用优势角度拍摄。平拍：手机与主体在同一水平线；斜拍：手机在主体斜上方，但斜拍时要有足够的焦距消除畸变；俯拍：手机在主体的正上方。

KOC 推荐本质上是口碑传播的进阶版本，品牌商把本来要付费投放的钱，用来购买用户的好感度和人脉，实现产品在更大范围内的口碑传播，让更多的人知道产品的优势。以前一些品牌用 KOC 推荐实现了翻盘，但只是将它作为一种锦上添花的手段；但现在，很多品牌商不得不利用 KOC 推荐谋求生存。随着经济市场转为以消费者为主导，KOC 这个曾经被大家忽略的群体，也逐渐变得体系化、规模化。

5.2.2　微信朋友圈推荐促单的内容解析

产品的推荐率低？每天在微信朋友圈发布大量的内容却没人看？每次和意向用户聊很久也无法成交？其实这些问题的本质是微信朋友圈的营销不到位。正是因为你不懂微信朋友圈营销，所以你发布的内容没人看，你才需要花费大量的时间去跟意向用户一遍遍地解释你的产品、解释你这个人。

也就是说，你本可以做一个严肃的"专家"，让用户主动寻求你帮助他解决问题；但是你被迫成为热情的销售，到处主动寻找用户，帮助他解决问题。

如果你只是在微信朋友圈发布广告，而没有用心学习经营之道，那么就不可能实现用户主动成交。我们可以从以下两个方面入手来布局我们的微信朋友圈，形成微信朋友圈的自发影响力。

1. 口碑宣传

在微信朋友圈中，我们要对产品进行详细的讲解，并"晒出"用户咨询我们问题、我们给予解答的截图，还可以"晒出"用户已购买产品的使用体验、反馈的截图，真实地展现产品的质量与可信赖度，让潜在用户可以放心地购买。

2. 合理分配推荐比例

在我们的微信朋友圈中，不能一味地都是推荐产品的内容，我们可以融入自己的生活。因为微信朋友圈就是我们个人生活状态的缩影，我们可以分享自己积极的生活态度、正能量的日常小事，向用户传达我们的人生态度，引起他们的共鸣，从而在情感上增强他们对我们的信任。这样在一定程度上也就形成了口碑，从而可以更好地宣传产品。我们可以遵从生活圈内容占 60%，产品推荐占 40%的比例来分步布局我们的微信朋友圈。

在布局微信朋友圈的内容时，我们可以以生活习惯日签的形式进行。例如，我们可以在微信朋友圈中进行早起签到，如图 5-3 所示；也可以在微信朋友圈中进行直播签到，分享自己的直播体验，如图 5-4 所示。无论是早期签到，还是分享直播体验，都是积极、正能量的内容，在自己养成好习惯的同时也在时刻提醒用户、影响用户，让他们也愿意参与进来,这样才能在心灵上和他们产生共鸣。

图 5-3　早起签到

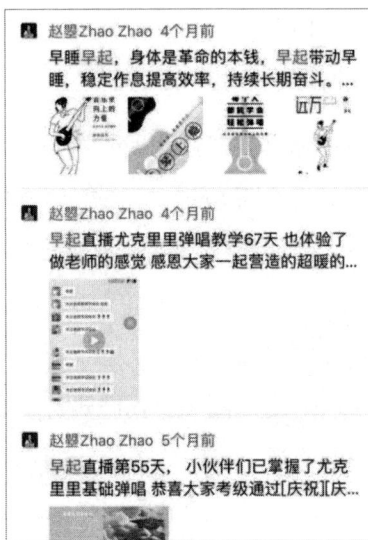

图 5-4　分享直播体验

除此之外,我们还可以在微信朋友圈中分享自己一天的计划(见图 5-5),展现自己的自律和勤奋,吸引更多的人一起朝着积极向上的方向努力。而且,计划也可以使我们一天的工作、学习更高效。

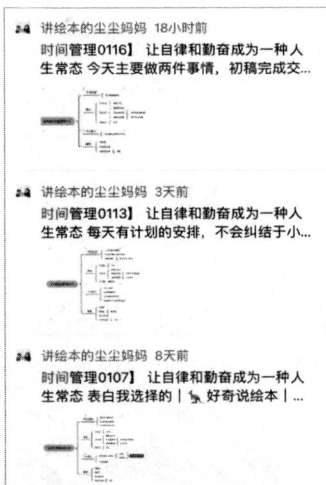

图 5-5　一天的计划

在微信朋友圈推荐产品的时候，我们可以通过图片和文案的形式发布推荐内容。

1. 在微信朋友圈推荐产品时使用图片

当用户浏览我们的微信朋友圈时，首先映入眼帘的一定是图片，其次才是文案。

图片在微信朋友圈中的作用就相当于当我们进入一家门店后，首先会看其装修是否精致，其次再详细地了解产品。

在选择推荐的图片时，需要注意以下两点。

第一，图片必须清晰。相较于收集来的图片，自己拍摄的图片更真实，也容易让人产生信任感，从而使用户愿意下单。

第二，要注意图片排版的美观。

微信朋友圈的图片排版，对于用户的视觉冲击是很大的，什么样的排版更吸引他们的眼球呢？

（1）尽量挑选同色系的图片。

（2）同色系图片放在一起，且人物图片放置在对角线的位置。

图片大致分为风景、人物、产品、文字图片四大类型。在排版图片时，可融入美学的小技巧，我们可以通过以下几个方面对图片进行处理。

（1）边框美化。用"美图秀秀"的边框功能给一组推广素材加上边框，使图片更美观，整体更整洁，也体现了我们的用心，如图 5-6 所示。这样的图片能引起更多人的注意，而且因为我们的用心使产品推广独具一格，其他人在有需要时，可能会第一个想到我们。

图 5-6　加上边框的推广素材

此外，我们也可以使用"微商水印"来制作简单、有内涵、让人一目了然的图片，如图 5-7 所示。

图 5-7　使用"微商水印"制作的图片

（2）确定 C 位图片。如果一共有 9 张图片，按九宫格的方式排版，那么 C 位图片就是九宫格里的第 5 张图片。C 位图片要根据文案的中心主题来选定。

（3）遵循对称原则。对称美，能够给人一种安静的严肃美、平衡美，给人有条不紊、和谐之感。下面展示几个具体的微信朋友圈图片排版模板（见图 5-8），大家在排版的时候可以直接套用模板的格式，从而让微信朋友圈整体的视觉效果更美观。

图 5-8　微信朋友圈图片排版模板

2. 在微信朋友圈推荐产品时使用文案

微信朋友圈推荐文案可用五大感官描述法来写，即通过嗅觉、味觉、听觉、视觉、触觉 5 个方面来写。如果我们卖的是眼镜，那么推荐文案可以从视觉方面来展开；如果我们卖的是食品，那么推荐文案可以从味觉方面来展开；如果我们卖的是护肤品，那么推荐文案可以从触觉（使用感）、嗅觉（气味）、视觉（效果）等方面来展开；如果我们卖的是玩具、书籍，那么推荐文案可以从视觉（外观、造型）、触觉（质感、品质、质地）等方面来展开。

微信朋友圈的文案其实并不需要有很多的专业术语，也不需要有很好的文笔，文案内容越真实越好。在写微信朋友圈推荐文案的时候，我们要注意以下几点。

（1）写出吸睛的标题。可以通过提取关键词，突出内容主题，从而让用户看了一眼主题就有点击"全文"往下阅读的欲望。

（2）写出场景感、画面感。在文案中多使用一些动词，多用讲故事或对话的方式来描述具体的画面。

（3）写出痛点。用户面临什么痛点，我们推广的产品如何解决用户的痛点。需要注意的是，痛点要在文案的前半部分就体现出来，这样能更好地引起用户的共鸣，让用户更容易接受推荐。

（4）写好结尾。一般来说，有两种结尾的方式。一种是升华主题式的结尾，如"让我们手拉手、心连心，共筑美好生活"；另一种是指令式的结尾，如"还等什么呢？心动不如行动，赶快来抢购吧"。指令式的结尾多用于刺激用户购买，而且其意图较为明显。

推荐文案的排版有一些小技巧，具体内容如下所述。

（1）段落之间空一行。如果不分段或段落之间没有空行，密密麻麻的文字，其美感很差。

（2）一篇文案不要少于 3 段，每一段不要超过 4 行。

（3）一句话不要超过 12 个字，如果句子很长，就用逗号隔开。

（4）整篇文案不要用句号，可多用省略号或引号。

下面以"三公主"的微信朋友圈为例（见图 5-9），具体说明微信朋友圈的文案及排版的注意事项。

通过分析，我们可以发现以下两个问题。

（1）该微信朋友圈包含的内容过多，分不清主次。

（2）该微信朋友圈的评论区第一行没有空行，信息过多，没有配合主题。

图 5-9　"三公主"的微信朋友圈的文案

针对这两个问题，我们可以对其进行如下的修改。

（1）删除多余的信息，评论区点明主题"团队培训"，并且引出第二次培训，吸引意向用户。

（2）把该微信朋友圈的评论区第一行设置为空行，后面几行文字的开头排列整齐，给人舒适的美感。

（3）把该微信朋友圈拆分成三条朋友圈，第一条"晒"团队（见图 5-10），第二条、第三条"晒"自己的成长（见图 5-11、图 5-12）。

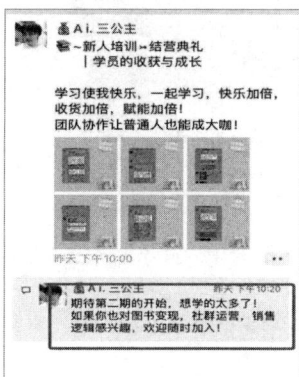

图 5-10　"晒"团队

图 5-11 "晒"自己的成长（1）

图 5-12 "晒"自己的成长（2）

在布局微信朋友圈的时候，不分主次地堆砌、输出内容，只会显得杂乱无序，使用户无法抓住重点。只有层次分明、重点突出的微信朋友圈内容，才能给用户留下深刻的印象。

其次，我们来看一下"三公主"微信朋友圈文字的排版对比，如图 5-13 所示。

图 5-13 "三公主"微信朋友圈文字的排版对比

通过对比，我们可以知道以下信息。

（1）左图中文字分散，虽然注意了开头对齐，但是第二行的空行，影响了整体的美观。而且，这种排版方式使得第一行和第二行的主题都没有体现出来。

（2）右图中的文字明显更整洁、紧凑，视觉上有舒适性。右图中的文字的第一行标题突出重点，而且使用了"书本"的图标，代表性强；第二行跳行，点明主题，且先用分割线开头，空格后再写文字，整齐划一；第三行以省略号开头，既有留白的美感，又干净利落。

不起眼的小事、细节都可以决定成败。我们要巧妙地使用空格、分割线和其他标点符号，使它们在有限的空间内发挥出最大的价值。

5.2.3 小红书推荐

小红书作为一个社交媒体平台，有以下两个特征：第一，依靠口碑营销，平台上都是真实的用户反馈，能够提高产品的转化率；第二，结构化数据下的选品，几千万名用户在分享、反馈值得购买的产品，可以为其他用户节省时间和精力，降低购买产品时的筛选成本。截至目前，小红书拥有超过 2 亿名的用户，其已经成为一个颇具影响力的内容推荐平台。

与淘宝网、京东等垂直电商不同的是，小红书就像一座"城市"。亚里士多德曾说过："人们来到城市是为了生活，人们居住在城市是为了生活得更好。"城市里聚集了各种各样的人，只要有人，就会有故事，就会产生"内容"。以人为本的运营理念、"以内容为王"的运营方式，造就了小红书如今广为人知的运营市场。

想要推荐一个产品，就要建立在用户思维的基础上，还要创作出能够给用户提供价值、能够激发用户兴趣、能够引起用户共鸣的有吸引力的内容。

1．小红书推荐产品的常用方式

（1）单个产品推荐。

单个产品推荐，可以将用户的痛点和产品的卖点相结合作为推荐语。例如，首先可以从自身出发，讲述自己的痛点、困惑、烦恼；然后讲述自己是从哪个渠道知道该产品的；最后讲述自己的使用感受。我们在进行单个产品推荐时，可以采用视频的形式，但应注意在视频中要减轻广告的痕迹并较少地使用功效词。

（2）多个产品合集。

例如，"双十一"书单合集、情绪类的绘本分享等，系列视频、笔记更容易被用户喜欢。

（3）干货知识分享。

妈妈可以在小红书上分享育儿的干货、经验，在吸引了其他妈妈关注之后，就可以推广母婴产品及育儿课程了。

（4）教程方法。

例如，我要推荐一款适合儿童使用的播放器——"听力熊"，那我就可以展示"听力熊"的使用方法、使用场景（如睡前使用"听力熊"进行英语启蒙，平常使用"听力熊"播放故事、古诗词等）。

（5）横向测评。

将自己要推荐的产品和同类型产品进行对比，充分突出推荐产品的优势、功能、性价比，并说明推荐的每一款产品适合哪类人群使用。通过对产品进行清晰的解读、详细的定位，能够让用户感受到我们的真诚、客观，从而更容易获得用户的好感。

在小红书上推荐产品时，一定要坚持原创。图文都要是原创的，且图片要高清，文字排版整洁。此外，文章或图片中不能含有其他平台的水印或信息，否则内容将会被限流甚至不会被推荐。

2．小红书推荐内容编排时的注意事项

（1）适当使用表情、标点符号。

如果一整篇文章全是文字，没有表情、标点符号，那么内容就会显得很枯燥、没有趣味性。

想要提升内容排版的美观，就要学会使用标点符号隔开段落，像英文版的句号就是比较合适的。这样可使得整篇内容更富有层次感，不会让人产生视觉疲劳。

（2）多换行。

一段话最好不要超过 4～5 句话，段落之间需要换行。

（3）内容字数。

一篇小红书的内容最多只能输入 1000 字，所以我们要学会用精简的文字表达重要的内容。若内容较多，则建议做成图片或视频。

（4）封面设计。

封面设计遵循简单、明了的原则，封面制作需要多看、多学、多练，逐渐地提高审美能力，这样才能做出吸睛又不花哨的封面，如图 5-14、图 5-15 所示。

图 5-14 吸睛又不花哨的封面（1）

图 5-15 吸睛又不花哨的封面（2）

5.2.4 短视频和直播推荐

随着媒体形态的变化，能静下心来阅读文章的人越来越少了，这时短视频或直播的转化路径更直接。另外，即使文章写得很熟练，创作效率也不会很高，而短视频则可以借助工具，实现观点、想法的快速输出。

优秀的推荐短视频具备以下 3 种特质。

（1）站在用户角度策划选题。

（2）积极寻找用户的痛点，通过内容解决用户的痛点。

（3）加强场景营销，让用户自我带入，从心动到行动。

一个高流量的短视频，一定具备吸睛的标题和封面。

吸睛的标题一定是重点突出、简单、明了的，吸睛的封面大都遵循统一、整洁、美观的原则。

在图 5-16 中，数字 1 所示部分标题为"用吉他学尤克里里"，用户一定很好奇如何用吉他学尤克里里，因此会在好奇心的驱使下点进去观看；数字 2 所示部分标题为"有的小伙伴说"，意味着具体的内容是讲一个故事。这样的提示语有画面感、代入感，让人忍不住点击视频进行观看。

例如，我以"6 岁学员（我女儿汤圆）弹唱的第一首《旅行的意义》"作为标题，其中"6 岁学员""第一首"，都是吸引人眼球的简短的关键词，家有同龄孩子的家长都会忍不住点进去看一看。

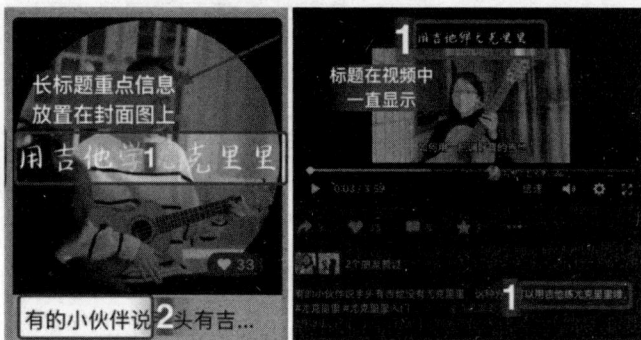

图 5-16　具体的标题展示

除了要有吸睛的标题和封面，排版还要简洁、美观，而且封面尽量使用统一的模板，如图 5-17 所示。

图 5-17 所示的 4 个封面，无论是在编排上，还是在标题的撰写上，都使用了统一的模板，使得封面整齐划一、美观，而且标题突出了主要内容，具有很强的吸引力。

除了上述标题，还可以以疑问的形式撰写吸睛的标题，下面是一些具体的案例。如"坚持不了早起怎么办？""时间安排不过来又想学习尤克里里怎么办？""练习尤克里里有拖延症怎么办？""当你遇到尤克里里学习的瓶颈时怎么办？""新手怎么选择合适的练习曲目？""音乐零基础的人也可以学习尤克里里吗？""新手在练习尤克里里时的必要准备有哪些？""新手必备的调音方法有哪些？"

图 5-17　封面统一

在了解了标题、封面的撰写方法后，接下来向妈妈讲述如何编排短视频推荐脚本。

新手在制作短视频推荐脚本时需要注意以下两点。

（1）短视频拍要得短一点，可以先拍摄时长为 2～3 分钟的视频。

（2）讲得简单一点。开门见山，不要铺垫。最简单的短视频推荐脚本就是提出一个问题，先用一句话回答这个问题，再分 3 点展开详述，总结部分可以去掉。

以下是我的一个短视频推荐案例。在我的短视频中，我一般都是开门见山、直奔主题的，重点突出视频的内容，如图 5-18 所示。在突出主题后，我会分段地进行详细的介绍，如图 5-19 所示。

图 5-18　开头直奔主题

图 5-19　分段讲解各个步骤

注：图中 app 为 App。

除了上传短视频，我每天还会进行尤克里里弹唱直播，具体的内容编排如下。

（1）直播开始时段。

当有粉丝进入直播间时，我会给予问候。例如，我会说："欢迎××!"或"欢迎进入早七点的美好世界!"

（2）直播中间时段。

在直播中间时段，观看人数较为稳定，我会开展抽奖活动。例如，每满 1 万个赞发 3 个 1.88 元的红包，点赞就可以抽奖。我也会适时地寻求粉丝关注、点赞，以提高直播间的热度，吸引更多的粉丝进入直播间。

（3）直播结束时段。

在直播快结束时，我会尽力促使观众向粉丝转化。例如，我会说："还没进群的朋友赶紧进群，进群可领新人专属红包。"或"我们的点赞数快到两万个了，突破两万个再加一个福袋。"

社群营销和推荐达人：Jerry 妈妈

我们都知道社群营销（如微信营销）属于私域营销，可以通过 3 种方式实现交易：一对一私聊、微信朋友圈、微信群。这 3 种方式相辅相成，各自发挥着不同的作用，共同实现微信营销。

一对一私聊是更直接的触达方式，主要工作包括引流粉丝第一次接触、情感交流、售前咨询、售后服务等；微信朋友圈是我们人设的体现，其他人可以通过我们的微信朋友圈内容了解我们是一个什么样的人，陌生人对我们的印象也由此产生；微信群是最重要的部分，具有独特的魅力和价值。微信群主要具有以下 4 个优点。

（1）微信群是最方便的沟通平台。

微信群可以快速、批量地连接用户，发布需要大家共同关注的信息。

（2）微信群是有效的"锁粉"利器。

微信群里可以形成跟风效果，实现批量"锁粉"。

（3）微信群可以多场景呈现，提高成交效率。

微信群的形式较为多样化，可以对产品进行深度的推荐，也可以开办讲座，这些都是一对一私聊和微信朋友圈无法实现的。

（4）微信群资源共享，使价值最大化。

如果我们通过一对一私聊给用户提供了非常好的建议，那么这样做只连接了一个用户；如果我们将内容分享到微信群，那么不仅可以实现资源共享，还可以公开打造群主人设。一个优秀的群主不仅可以自己给群里提供有价值的内容，最重要的是能够调动群内成员共同为微信群赋能，毕竟一个人的力量是有限的。

相信各位妈妈都认可创建微信群的必要性，那我们如何保持微信群的稳定性呢？相信很多妈妈都在烦恼没人在群里分享、聊天，这样久而久之就会沦为广告群。过去我创建的各种微信群，有的微信群活跃，但有的微信群不活跃，凡是比较活跃的微信群都具有以下几个要素。

（1）社交需求。

社交是人的基本需求，基于兴趣或共同需求的社交更是人们的刚需。对于一个微信群来说，聚集在一起的成员必须有一个共同的强需求，微信群需要提供解决这个需求的服务。

（2）共同的价值观。

"同频才能共振"，一个稳定的微信群一定得有一批价值观相同的人。举例来说，我的"双语养育群"聚集了一群重视教育的妈妈；"对外汉语老师交流群"聚集了一批想通过学习提升自己、开展新副业的老师。

（3）共同关注某件事。

微信群的垂直定位显得尤为重要，因为这关系着群内成员的归属感。如果一个微信群的内容乱七八糟的，可能会使成员觉得与自己关注的事情不符。例如，我的"二手绘本群""日用品羊毛群"等，从群名称就可以看出群内成员所关注的内容。

在大方向定位准确的情况下，应尽可能地使微信群呈现垂直化发展，因为微信群越垂直，成员的归属感就越强。微信群的垂直化发展具体可通过以下 3 个方面进行。

（1）微信群价值框架的搭建。

微信群的价值主要体现在微信群输出的价值内容方面，有价值的内容可以是具体的资源产品、实操知识干货，或者实战经验分享。同时，在输出的内容中价值观的输出更加重要，只要内容持续有价值，变现就是轻而易举的事情。

（2）微信群管理架构。

这里强调的是整个微信群意见领袖的知识体系，这将是整个微信群体系的支柱，群内成员对体系内容的理解和配合的默契程度直接决定了体系基因。

（3）微信群成员架构。

微信群中应该有 20% 积极发言的成员来活跃整体氛围，然后带动剩余 80% 的成员参与聊天，共同促进群聊的健康发展。

第 6 章

团队运营与协作：
一群人走得更远

在团队中，团队长的个人成败与团队成败息息相关。实际上，我们要求全体团队成员都要具备协作精神，以便节省团队长在协调内部矛盾上所用的时间。

采用"人治"管理法的团队，多依靠权力与感情进行管理。团队成员常常在制度与人情中徘徊，无法信任制度。而优质团队的建设需要完善的制度与规则。

6.1　如何让妈妈团队快速成长

在创建妈妈团队初期，我的想法其实很简单：我希望一群拥有共同爱好的人，在带好孩子的同时，能将更多的时间用于自己擅长的事情上，并且能够将爱好变现，去影响更多的人。在这里，我将自己创建妈妈团队的心路历程分享出来，希望能够帮助更多的有志妈妈。

6.1.1　打造优秀团队必须注重的 3 个层面

团队文化可分为 3 个层面：精神层面、制度层面和物质层面。团队长要充分理解这 3 个层面的概念和关系，积极做好每一个层面的文化工作，努力建设完善的团队文化制度。

1．精神层面：做好理念落地的带头人

团队文化的精神层面也被称为核心层面，是团队文化的主要组成部分。精神层面的文化理念是团队文化中不可或缺的一部分，代表了团队的价值导向和其文化的深层内涵。团队长只有创建清晰的精神层面的文化内容，才能做好团队文化的落实工作。精神层面决定了制度层面和物质层面的总体基调，它们之间的关系如图 6-1 所示。

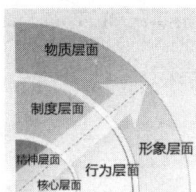

图 6-1　团队文化 3 个层面之间的关系

在创建精神层面的团队文化时，必须遵循团队文化金字塔的原则。一个完整的精神层面的文化体系包含以下四大要素：使命、愿景、核心价值观和战略，如图 6-2 所示。

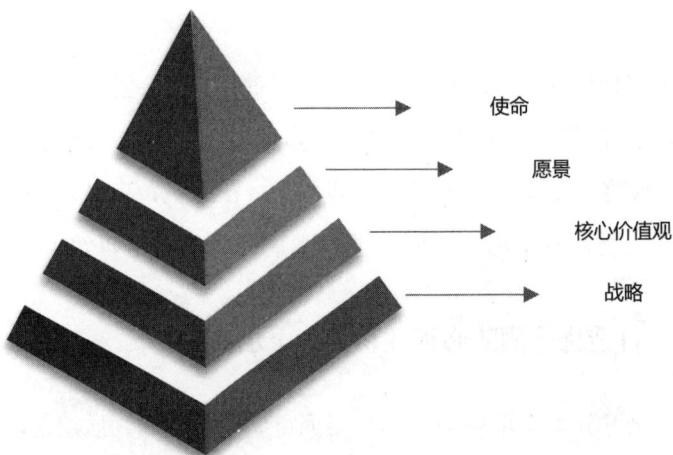

图 6-2　精神层面的文化体系所包含的要素

（1）使命。使命指的是一个团队努力的崇高理想和远大目标。一般来说，使命很难一次性达成，但是团队全体成员必须自始至终都朝着使命努力。例如，阿里巴巴就一直秉持着"让天下没有难做的生意"这个使命。

使命是精神层面文化的灵魂所在，是对团队未来充满崇高色彩的想象。团队长要先确定团队文化的使命，再赋予成员使命感，让成员觉得自己在从事一项伟大的事业，而不是单调的工作。

（2）愿景。愿景可以理解为团队中长期明确的、可实现的目标。例如，某公司的愿景是"5 年内进入世界 500 强"。愿景虽然比较长远，但终归可以实现，这是它和使命的区别所在。团队长在确定团队的使命之后，即可制定团队的愿景，促进成员共同为愿景而努力。

（3）核心价值观。价值观是一种对价值的判断准则。例如，宝洁公司的价值观是"领导才能、主人翁精神、诚实正直、积极求胜、信任"，一旦有员工违背了此核心价值观，无论业绩多么突出，都会面临被开除的风险。价值观为团队树立整体的道德观念或工作准则，是团队长和全体团队成员都必须坚守的底线。

（4）战略。战略即团队定位。战略和上层的文化不同，是团队必须着手落实的一项规划。团队长须为团队做出清晰、准确的定位，根据定位制定出团队的各项决策，并逐个层级下分，最终把目标分配到每一位成员身上。

对于以上每一个要素，团队长都需要进行充分的思考，并将理念用生动、独特的文字表达出来，表达的方式要充分展现团队的个性，力求简单、易记且具有高传播性。

2. 制度层面：用制度强化文化

制度层面也被称为行为层面，包括团队的制度体系及团队风俗。

（1）制度体系。制度体系是团队的工作制度的总和，团队的工作制度必须和团队文化保持高度的一致性。在一个团队中，如果只靠文化的软性约束，那么这个团队将空有情怀、缺乏纪律。制度的刚性约束可以增强团队的规范性，实现各个环节的高效运行。在制度体系中加入文化的核心思想，制度就可以充当团队优秀文化的载体，良好的团队文化氛围将深深扎根于每一位成员的脑海中。

（2）团队风俗。团队风俗是指团队约定俗成的典礼、仪式、节日等特色活动。团队风俗是团队在长期成长的过程中逐渐地、自发地形成的，是团队文化内涵的体现。团队的风俗活动又可以分为一般风俗活动和特殊风俗活动。一般风俗活动是指团队将已有的风俗融入自己的团队文化，如团队文艺演出、庆典活动等。

3. 物质层面：建设物质文化的原则

物质层面也被称为形象层面。它是团队文化的表层，是团队所创的形象文化。物质层面是精神层面的载体，团队的运营思想、哲学、作风和审美都是通过物质层面折射的。例如，可以经常发放印有团队 Logo 的纪念品，增强团队凝聚力。物质层面主要包括以下 3 个方面的内容。

（1）团队产品的特色、品质、样式及包装等。

（2）团队的纪念品。

（3）刊物、报纸、宣传栏、广告牌、广播电视等团队的文化传播途径。

团队中的每项工作都不是随意进行的，它应该是标准化的，先做什么、后做什么，都应该有固定的工作流程。制度通常是建立在对工作的各个方面都进行深入、细致研究的基础之上的，是对优秀团队和优秀成员所积累的经验与教训的总结。制度可以有效地避免成员反复"交学费"，防止成员因个人经验、能力、悟性等方面的不足而给团队造成损失。

6.1.2　妈妈团队建设的 5 个周期

妈妈团队是由有着共同价值观、共同目标的众多妈妈组成的团队，其作为一个大的集体，每天都会有很多突发情况，但一个人的力量、时间、精力毕竟有限，那么团队长就可以将所有的流程细化、把许多事情拆解开来，从而使众多妈妈一起配合来完成。

妈妈团队的发展通常会经历以下 5 个阶段。

1．创建初期：用热情面对未知的挑战

妈妈团队发展的第一个阶段是创建初期。很多成员在加入妈妈团队之前，都是没有运营经验的。在妈妈团队刚开始创建时，成员士气高昂，对妈妈团队的未来充满了希望。每一位成员在团队里都表现得那么热切、那么投入，成员之间彼此彬彬有礼、亲切友好。

由于各位妈妈都是团队运营的新人，没有经历过系统的培训，工作能力方面可能有很多不足，因此她们对团队长会过度依赖。在这个阶段，有的妈妈往往不清楚有什么问题需要解决，没有具体的工作目标，对工作的标准流程也不明确，因此这些妈妈会感到焦虑和无力。

团队长需要统筹成员的时间，集中大家的空闲时间来召开主题会、小组会，创造成员与自己进行沟通的机会与场合，共同商讨、制定一些目标，研讨成员的管理技能培训计划，提升成员各个方面的软能力，如线上表达的能力、软文书写的能力、美图制作的能力、增强服务的意识等，并制定团队的各项规则。在确立体系后，团队长还需要明确每个岗位的职责、每天输出内容的主要时间段。

在这个阶段，团队长需要给予成员更多的耐心与包容，安抚情绪不稳定的成员，并与成员进行一对一的谈话，解决成员的顾虑点、焦虑点，提振士气。

2. 动荡期：期望与现实差距大，成员士气下降

妈妈团队发展的第二个阶段是动荡期。由于项目的进展受阻，此时成员感觉原来的期望与现实之间存在一些差距，出现情绪低落、士气下降等情况，甚至有成员开始流失。因为很多成员认为本来每天属于自己的时间就少之又少，而团队的事情还特别多，对此感到应接不暇。

此时，团队长需要调整好自己的心态，拒绝焦虑，要主动地去了解成员的真实想法，多与成员进行讨论，鼓励成员对有争议的问题发表自己的看法。总而言之，团队长要让成员懂得妈妈团队创建的初心与愿景，以共同目标作为纽带，促进成员和团队共同发展。

团队长需要正确引导成员发掘自己身上的闪光点、优势及兴趣点，利用成员之间的差异有意识地培养成员担任各种适合自己的角色。

团队长需要抓住契机，根据每位成员的性格、能力、擅长点进行技能任务的分配，避免成员因不自信而完成不了任务，也避免成员出现担心、焦虑的情况，多给成员发一些励志的、正能量的文字或图片，让成员看到这些就会得到安慰、受到启迪。

3. 稳定期：冲突和派系出现

稳定期是妈妈团队在发展过程中的第三个阶段。此时团队核心成员已经基本稳定，并且很多成员通过学习也具备了一定的工作能力，可以为项目创造效益了。

这时候，团队的冲突和派系开始出现，团队长对成员中的派系表现出倾向性，很多时候会不由自主地把主要精力从关注成员转移到督促所有成员创造业绩上来。

在团队发展趋于稳定的时候，团队长会将重心放在业务上，没有太多时间、精力与成员进行沟通。这个时候团队长应该把自己的权力释放出去，把决定权交给团队的核心成员，鼓励成员勇敢地试错、大胆地尝试。

团队长还要做好心理准备，团队在发展的过程中必然会出现很多问题，在与成员进行沟通时，一定要对整个事件做初步的预判，多让成员发表意见。成员尝试得越多，经验积累得越多，自然就有了自己的工作方法、模式，工作也会越来越得心应手。

4. 高效期：自满情绪蔓延

高效期是妈妈团队发展的黄金时期。此时成员能够胜任自己的工作，士气空前高昂，对团队的未来充满信心。成员养成了定期在社群里分享育儿心得的习惯。同时，成员还会分享自己最近看过的图书和生活中发生的趣事，把社群当成了自己的"乌托邦"。

此时，团队长要明确团队的发展方向与发展目标，不背离团队创建的初心和愿景，脚踏实地地和成员一起将团队维护好并使其发展得更好。团队长可以通过赋能成员的方法，让成员明白自身还存在很多不足，以抑制成员的自满情绪。例如，给大家传授社群引流的方法、短视频操作的方法、线下活动的操作流程等。

5. 转变期：缺乏共同的目标

妈妈团队发展的第五个阶段是转变期。此时成员的目标意识较弱，成员之间在利益层次上的矛盾增多，有些成员个人的发展速度远远超过了团队的整体发展速度，团队亟须重新制定目标，调整结构和工作程序，清除积弊。

因此，团队长要从自身出发，找出问题所在，正确地看待现实，客观地分析问题。团队长要增加与成员的情感交流，唤醒大家的愿景，与成员共同研究并制定更高、更具挑战性的目标，让成员能够看到新的希望，且愿意为新的目标努力。

此外，团队长需要更新观念，建立健全有效的管理制度以留住优秀的成员。例如，团队长帮助成员制订职业发展计划，鼓励大家一起发展；对成员的工作成绩给予积极的肯定，并兑现承诺；制定新的考核、奖惩机制，采取新的利益分配方案；采用新的引流机制，以便引入更多优秀的成员；从原有的成员中挑选一些有潜力的人，形成妈妈团队的标杆，并充分地授权与激励。

6.1.3　妈妈团队成员的分工：结构性角色互补

现实中，我们在做很多事情时大都需要别人的帮助和支持才能更好地完成。在追求个人成功的道路上，既离不开自身的努力，也离不开他人带来的互补效果。团队长想要管理好团队的成员，首先，要全面地了解成员的性格特点与行为模式，保证人尽其才；其次，确保管理手段与时俱进，具体问题具体分析；最后，不要以权压人。妈妈团队的运营主要需要以下 5 个团队角色。

1. 团队长

一个运转有序的团队，不能缺少团队长的管理。优秀的团队长是创建优质团队的先决条件。团队是由团队长创建的，作为团队的主要人物，团队长需要认清团队的目标和任务，明确团队的发展方向。团队长主要负责整个团队的运营、重大决策的制定、组织架构的制定、利益的分配、新人的培养、晋升制度的建立等。

2. 内容生产者

内容生产者需要每天在社群内分享内容。同时，内容生产者也是群公告、群活动的发起者及群内项目进度的监督者。

3. 营销人员

营销人员需要负责社群所有对外宣传的准备工作，包括软文的编辑、图片的处理、海报的设计、知识科普、价值资源的整理、行业热点的收集、工具推荐等。

4. 商务对接人员

商务对接人员需要完成社群项目的对接工作，承担业务外拓、项目销售，同时做好用户信息的收集、反馈工作。

5. 活跃气氛人员

活跃气氛人员每天负责在社群中发起新的话题、制造并维护活跃的氛围。

所有妈妈团队的运营人员应清楚本人在团队中的运营职责，积极完成自己的工作任务，及时关注群内信息，一起配合完成社群的维护工作。

6.1.4　如何让成员一起快速向前冲

我们要想运营好一个妈妈团队，让成员一起快速往前冲，就不能把激励仅看成一种推动成员发展的手段，而是要把激励作为一种塑造与培养团队文化的战略。具体可从以下 10 个方面来充分发挥激励的正向作用。

1．榜样激励

"表不正，不可求直影。"我们需要为成员树立一根行为标杆。在妈妈团队中，团队长是所有成员的镜子。想要让成员充满激情地工作，团队长就要先以身作则，充分发挥自身的榜样作用。

（1）团队长首先需要清楚自己的发展方向。激励别人之前，先要激励自己。

（2）如果团队长希望成员能够进行高效的工作，就需要自己先做出榜样。团队长可以向成员分享自己管理时间的方法、合理规划事情轻重缓急的方法。

（3）团队长应尽量展示自己精明、强干的形象，扩大自己的影响力。

（4）团队长每天都要积极乐观，用自己的热情引燃成员的热情。

（5）团队长要高标准、严格地要求自己，只有自己做好了，才能影响团队的成员。

2．目标激励

人的行为都是由动机引起的，并且都是指向一定的目标的。这种动机是行为的一种诱因，是行动的内驱力，对人的活动起着强烈的激励作用。通过设置适当的目标，团队长可以有效地诱发、导向和激励成员的行为, 调动成员的积极性。

(1)多与成员谈愿景、使命感, 让成员对团队的前途充满信心。

(2)让成员一起参与共同目标的设立, 让其有主人翁意识。

(3)在制定目标的时候, 把握适度原则, 过高的目标会打击成员的积极性, 而过低的目标实现起来很容易, 无法真正地起到激励作用。

(4)目标要具体而清晰, 将大目标拆解为多个小目标, 并将目标分配给具体的成员。

(5)要规划出目标的实施步骤, 每天的任务、每周的任务、每月的任务、计划完成表。

(6)尽量避免目标置换。在目标实际实施的过程中遇到问题时, 可以做出适当的调整, 但不能偏离目标的总体方向。

3. 授权激励

不管团队长的能力多么出众, 也不可能承揽全部的工作。有效授权是一项重要的管理技巧, 通过授权, 团队长不仅可以提升自己及成员的工作效率, 还可以极大地激发成员的积极性和主人翁意识。

(1)团队长不要成为团队中的"管家婆", 而要将权力下放, 从多个方面调动成员的积极性。

(2)多给成员安排一些重要的任务, 这样才能激发成员的热情与使命感。

(3)在选择授权对象时, 团队长要从多个方面进行考核, 如该成员时间是否充足、执行力是否足够强、是否有很多想法、是否愿意主动学习等。

（4）看准授权时机，选择合适的授权方法。在授权的时候，可以增添一些仪式感，如发放授权证书、赠送一份有代表性的礼物、附加一封感谢信等。

（5）获得授权的成员在有了新的身份后需要一段时间的锻炼，团队长要全力辅助被授权的成员适应新的角色转变。

4. 尊重激励

尊重是一种较人性化、有效的激励手段。团队长以尊重、重视成员的方式来激励成员，其效果远比物质上的激励要来得更持久、更有效。可以说，尊重是鼓励成员的法宝，其成本低、成效显著。

（1）团队长要在小细节上给予成员充分的尊重，如尊重每位成员的兴趣爱好、生活背景、生活习惯、选择等。

（2）团队长要有不耻下问之心，要虚心地向优秀的成员请教，取长补短，发挥团队的综合势能。

（3）当团队长与成员的意见出现分歧时，一定要注意语气、措辞，避免引起争吵。

（4）团队长不妨用请求的语气向成员寻求帮助，从而使成员充分展现其才能。

5. 沟通激励

团队长与成员保持良好的工作关系，对于调动成员的热情，激励其为团队积极工作有着重要的作用。而建立这种良好的工作关系的前提就是有效的沟通。

（1）沟通是让成员保持热情的法宝，团队长要多去表达自己的真实感受，和成员交心的时间越多，越能让彼此消除芥蒂。

（2）沟通带来理解，团队长与成员之间的理解越多，合作的默契度就会越高。

（3）建立完善的内部沟通机制，团队长与成员尽量不要通过第三人来进行沟通，避免信息出现误差。

（4）团队长应善于寻找沟通的切入点，从生活琐事、孩子的教育、夫妻相处之道、兴趣爱好等方面，找到共同点。

（5）团队长在与成员进行沟通时要注意先"暖身"，用诙谐、幽默的笑话或趣事暖场能取得不错的效果。

（6）沟通的重点不是说而是听，团队长需要听取成员真实的想法、遇到的问题、需要的帮助、未来的计划及愿景等多方面的信息，并给出建议。

（7）正确对待并妥善处理成员的抱怨、负面言论，引导成员之间展开充分的沟通。

6. 信任激励

团队长与成员之间要肝胆相照。团队长信任成员的哪个方面的能力，实际上也就是在哪个方面为其勾画了意志行为的方向和轨迹。因而，信任也就成了激励、诱导他人意志行为的一种重要途径。

（1）"用人不疑，疑人不用"是团队基本的管理方法，一定要尊重成员的决定，也许是错误的决定，但也要学会共同面对。

（2）对核心成员更要给予充分的信任。只有彼此信任，没有内耗，团队才能走得更远。

（3）信任新的成员。新的成员会有新的思想，也会给团队带来活力。

7. 赞美激励

赞美激励是一种效果显著的零成本激励法。人们都渴望得到别人的赞美和肯定。赞美不仅能够赋予人积极向上的力量，还能够极大地激发人们对事物的热情。用赞美的方式激励成员，能起到意想不到的作用。

（1）团队长要发自内心地赞美成员，用欣赏的眼光去寻找成员的闪光点与价值。

（2）团队长可以选择赞美的方向，给成员建立心理预期，引导成员朝着自己期望的方向发展。

（3）赞美不分大小，在小事上赞美成员，更能让其感受到自己被关注、受重视。

（4）团队长要养成赞美的习惯，不吝啬赞美自己的成员，要给予成员正向的激励。

（5）当众赞美成员时要注意方式、方法，一定要关注、顾及其他成员的心情。

（6）对新/老成员的赞美要有区别，特别是对新成员的赞美一定要更加具体。

8. 文化激励

团队文化是推动团队发展的原动力。它对团队发展的目标、成员的行为有导向功能，能极大地提高团队的凝聚力和向心力。优秀的团队文化可以改善成员的精神状态，熏陶出更多的具有自豪感和荣誉感的优秀成员。

（1）团队文化具有明确的激励指向，可以激发成员的使命感。

（2）团队文化是长久且深层次的激励，能够激发大家的精神需求。

（3）用正向的团队文化氛围提升成员的"战斗力"，让其去影响身边更多的人，去吸引更多的人。

（4）基于团队文化建立团队的价值观，塑造团队的大方向。

9. 竞争激励

人都有争强好胜的心理，竞争能够帮助团队快速、高效地激发士气。团队长需要在团队内部建立良性的竞争机制，给予成员积极的、健康的、向上的引导和激励，充分调动成员的积极性、主动性、创造性，全面提高团队的活力。但需要注意的是，一定要避免恶性竞争，否则会适得其反。

10. 惩戒激励

惩戒的作用不仅在于教育其本人，更重要的是让其他人引以为戒，通过适度的外在压力使其产生趋避错误意识。惩戒虽然是一种反面的激励，但不得不为之。因为，柔性激励并不能解决所有的问题。

（1）"没有规矩，不成方圆"，惩戒在一定意义上为成员划定了行为界限。

（2）惩戒一定要客观，秉着"对事不对人"的原则。

（3）坚持"诛罚不避亲戚"的原则，任何成员出现问题都要进行惩戒。

（4）不要在同一时间大范围地实施惩戒，否则会影响团队的士气。

（5）惩戒要把握时机、方式，点到为止。

（6）惩戒激励要与其他激励相结合，这样既不影响士气，也能起到惩戒的作用。

（7）合理、谨慎地使用惩戒激励，尽可能地多使用其他激励方式。

6.1.5 如何培养妈妈团队成员之间的合作默契

大家要想做好一件事，就必须有团队意识，因此培养团队协作精神十分重要。

团队意识是指整体配合意识，分为互信、合作、互补、奉献4个方面。团队意识的具体表现如下。

1. 互信

团队中成员之间要互信，互信的前提之一是成员不仅要知道自己的工作职责，还要知道团队中其他成员的工作职责。因此，团队长可以公示岗位职责说明书，让成员知道团队中每位成员的分工。

2. 合作

合作寻求的是双赢。团队的良好发展离不开团队中每位成员的密切合作，在合作时，成员也可以学习其他成员的优势，取长补短，获得自我成长。

3. 互补

现代社会要善于整合资源。在团队中，要尊重每位成员的个性发展，并善于利用每位成员的长处，弥补其他成员的短处。

4. 奉献

首先，每位成员都要找准自己的位置，在自己的位置上做好自己的工作，为团队效力；其次，每位成员都要有团队利益永远大于个人利益的意识，必要时可以牺牲个人利益；最后，每位成员都要有甘当配角的意识。

那么，如何培养团队的协作精神呢？

1. 正确看待团队的协作精神

在一个团队中，只有每位成员都最大程度地发挥出了自己的潜力，并在共同目标的基础上协调一致，团队才能发挥出其整体威力，产生整体大于各部分之和的协同效果。

2. 与其他成员友好合作

每位成员都要从他人的立场来看问题，充分发挥团队的协作精神，与其他成员友好合作、共同进步。

3. 营造积极向上、祥和的团队氛围

首先，团队的价值观、使命、愿景都要是正向的；其次，成员之间要友好相处、坦诚相待，共同朝着实现团队目标的方向努力；最后，团队长要向成员传输积极、正向的能量，使团队的整体氛围轻松、富有创造力。

4. 建立和谐、畅通的交流机制和交流渠道

沟通、交流是达成合作的前提，对于团队中的成员来说更是如此。团队长要在团队内部建立和谐、畅通的交流机制和交流渠道，鼓励成员

之间多沟通、多交流，多进行思维碰撞，这样在成员之间就能形成一种隐形的默契连接，提高成员之间合作的意愿与默契度。

5. 建立高效的合作机制

有效的合作能实现"1+1＞2"的效果，更能推动团队的整体发展。因此团队长要建立高效的合作机制，打通成员之间合作的通道，为成员之间的合作提供更多的支持，丰富成员之间的合作方式。

6.1.6 团队管理：妈妈团队的管理其实很简单

对于 10 个人的团队、100 个人的团队、500 个人的团队、1000 个人的团队和 10 000 个人的团队的管理方法是完全不一样的。但管理的最低要求是一致的，这个最低要求可归纳为 16 个字：目标清晰、职责明确、赏罚分明、超越"伯乐"。

10 个人的团队，可能只需要"人治"，靠着彼此之间的情谊纽带就能管理好团队；100 个人的团队，就必须有相应的管理机制；人数达到 10 000 人的团队，就必须有明确的团队文化和价值观，否则团队内部就会分崩离析。

很多人不理解阿里巴巴为什么这么重视价值观，其实如果去除那些理想主义的因素，价值观是管理团队比较有效的工具。阿里巴巴的使命、伟大愿景和价值观，是阿里巴巴最大的核心竞争力。使命和伟大愿景绝不是随便说说的口号，在紧要关头是要起到重要的指路作用的。

价值观能够在成员面临选择时给予其一定的指导。当上万人趋同于共同的价值观时，会带来两个显而易见的好处：一是降低了沟通成本，对一个问题的看法基本都是一致的；二是降低了管理成本，成员能够自发地践行价值观。

1. 目标清晰

目标清晰包含两层含义：一是团队的目标要非常清晰；二是给成员设定的绩效目标要非常清晰。

很多成员设定的绩效目标都是不够清晰的，都是定性而非定量的。团队长要给目标的达成度设定一个定量的考核标准，以便准确、客观地反映成员的目标达成情况。

2. 职责明确

职责要明确到人，要有问责制。任何一件事情，都应该有人对此负责，不应该存在"灰色地带"。职责明确要求在问责时有人能够为后果承担责任，而且问责不能是两个人，只能是一个人。一旦有两个人对此负责，就会存在"灰色地带"，也就意味着职责划分不明确。

3. 赏罚分明

当明确了职责后，就要建立赏罚机制，以确保赏罚分明、优胜劣汰。很多妈妈在刚开始创建团队时都认为赏罚分明是很容易做到的，但其实这件事对大多数人来说都是非常困难的。现实中比较常见的现象就是"护短"，在团队中"护短"会产生非常严重的后果，如造成团队内部其他成员怨声载道，影响团队内部的和谐与稳定，也有损团队的凝聚力和向心力。

所以哪怕是再亲近的人，该淘汰的时候也绝不要手软。反之，哪怕是平时再不喜欢的人，只要其真正做出了成绩，就一定要重赏。这样，才能保证团队内部的机制是透明的，是基于目标清晰和职责明确的。

在一个成熟的团队里，不应该存在"不看功劳看苦劳"的现象，一切应该以结果为导向。同时，"小团体"也是团队长需要从根源上杜绝的一种现象，私交可以有亲疏，工作却不能讲交情。

4. 超越"伯乐"

团队长要善于做好新时代"伯乐"，要知人善用，把合适的人安排到合适的位置上。团队的"血液"要流动起来，不能一成不变。超越"伯乐"实际上是指对于人才要有培养机制，帮助人才成长。对于团队长来说，要善于利用管理杠杆，把自己的成员培养起来，让其能独当一面，减少自己的压力。

"目标清晰、职责明确、赏罚分明、超越'伯乐'"是团队长需要具备的基本素质，在此基础上再去开展业务、进行管理时，就会如鱼得水。

6.2　团队长的自我修炼

成为 KOL（关键意见领袖）需要长时间的积累和较强的内容功底，这对于大多数普通妈妈来说，是可望而不可即的。同时，很多 KOL 还有普通妈妈难以复制的经历，如海外留学背景、高学历等。但是，普通妈妈可以通过做团队长，学习管理、经营团队之道，获得自我成长并带领更多的妈妈一起成长。

6.2.1　团队长管理能力的自我修炼

从我拥有 6 年做海外博主的经历，到现在做 5000 多人妈妈团的团队长，我观察、了解过一些育儿"大 V"，也深度交往过数十位大团队的团队长，从而得出一个结论：IP 的 KOL 模式，最终会因为注意力的分散而受到影响。但是"团队长+IP"的方式，会让团队的成长持续有生命力。团队长的领导力是在长期引领和服务成员的过程中得来的，并在团队发展的过程中不断创新和支持新的发展，达到团队逐步扩大且逐渐活跃的目的。

所谓团队领导力是指团队长应正确搭建核心团队，营造核心团队良好且机动的工作和互动氛围，为整个团队提供高效的服务能力。我们可以从以下 5 个方面来提升团队长的领导力。

1. 创建团队的使命、愿景

团队长在创建团队的过程中，要不厌其烦地将自己的梦想向成员复述，并积极听取成员的意见与建议，不断编织成整个团队的共同愿景。需要注意的是，团队长对于愿景的激情与决心，一定要用具体的行为展现出来，让整个团队都心甘情愿地追随自己的脚步。

2. 持续吸引优秀人才，并且给人才以施展空间

团队长首先需要对自己有深度的察觉与认知，能够明确自己的优点与缺点，并能够罗列出需要延揽的人才的相关标准与条件，然后不遗余力地吸引优秀的人才，给予其一定的施展空间，让其能更好地参与团队的管理与建设。

在这个过程中，团队长必须注意，不能只寻找与自己经历相似的成员，要基于团队的发展，寻找一些与自己互补的但对团队发展有绝对价值的异质人才进来，如此才能保证整个团队的思想多元化。

另外，一旦发现原本延揽进来的人，所表现出来的能力跟之前的预期不一样，为了团队健康发展的需要，团队长也必须承认用人上的错误，立即对其实施淘汰，以免对团队造成不利的影响。

3．建立团队规范，打造高效的协作机制

为了让整个团队可以有良好的协作，机制的搭建至关重要。在搭建机制时，应该从适应用户、适应竞争的角度出发，不求完美而求敏捷化，尽量让机制为人、为团队服务，而非让人为机制服务。在机制搭建的过程中，力求机制的简单化及透明化。尤其应该将利益分配制度制定得清晰、简单、易理解，让成员可以明确自己的投入产出比，以有效地调动成员的积极性。

4．运用激励机制，给予成员积极的鼓励

团队长要多运用激励机制，鼓励成员畅所欲言，提出有建设性的意见。真正优秀的团队长并不是事必躬亲，而是一个好的"啦啦队队长"，这样能够促进整个团队群策群力，使成员共同参与团队的管理。此外，团队长对内需要不断地创造更好的平台，让成员都可以一展长才；对外需要获取各种资源、掌握各种信息，让团队的发展能够紧随时代潮流。

5．打造平等、开放的决策机制，在高效和公平之间找到平衡点

团队长一定要有开放的胸襟，让每位成员都能够感受到其海纳百川的包容感。团队长还要清晰地认识到，"一言堂"带来的危害要远远大于大权在握的自我满足感，真正的人才只有在开放的空间才能找到真正的价值与存在感。

6.2.2 使用"妈妈效能指数"，做团队时间管理

"妈妈效能指数"是我在实践中总结出来的一个概念。举例来说，妈妈自己独立做一件事情，所需时间是 1 个小时；而和孩子共同做这件事时，需要两个小时才能做完。此时，和孩子共同做这件事的"妈妈效能

指数"就是 50%。

"妈妈效能指数"受所选任务类型、孩子的年龄阶段（随着孩子年龄从小到大的增长会有一个正态分布的影响度）和妈妈自我状态这 3 个维度的影响。

如果要提高妈妈在带孩子期间的做事效率，就要从这 3 个维度去调节，给妈妈一个系统化思维的方法，在能高效应用的时间内，找到妈妈可以做的效能最高的事情。"妈妈效能指数"可能大于 100%，如当孩子比较配合且能给到妈妈帮助的时候。

因为孩子的情绪不稳定，会产生各种各样超出预期的需求。在实际生活中，大部分的"妈妈效能指数"都会小于 80%，甚至有时候会小于 30%。这时候，妈妈就可以先做一些相对琐碎的工作，在可以独处的时候再做需要高效、专注地做的事情。

效能指数也可以是相互的，如"亲子效能指数"包含"妈妈效能指数"和"孩子效能指数"。妈妈有可能要做到二者的平衡，当妈妈过度把自己的重心放在孩子身上的时候，可能"孩子效能指数"会比较高，而"妈妈效能指数"就不会那么高了。实际上是有既能提高"孩子效能指数"又能提高"妈妈效能指数"的方法的，这样也就提高了"亲子效能指数"。

在做团队管理的时候，我们可以从每位成员的实际情况出发（如家中是否有阿姨或家人帮忙带孩子），从系统化思维的角度给其安排任务。当某位成员没有太多集中时间的时候，就不太适合做内容输出者，而比较适合做社群运营、活动策划的工作。

6.2.3 高效会议，让妈妈团队成员的时间得到合理的利用

对妈妈来说，时间是非常宝贵的资本。我平时都会把会议时间控制在半小时内，以节省大家的时间。为了提高线上会议的效率，我经常在会前组织大家做项目文档提交和默读、提前做好议程安排，明确每个事项的负责人和讨论时长。

团队长一般是整个会议的核心人物，整个会议在团队长的引导下展开，最后的会议结论由团队长负责决策。这是一种自上而下的开会方式，它需要团队长熟悉会议技巧并能清晰地阐明重点内容，只有这样，会议才能快速得出结论。团队长在召集会议时需要做到以下几点。

1. 会前明确核心话题

会议的最终目的就是解决问题并得出结论，所以会议中的所有讨论都必须围绕核心话题来展开。因此，团队长在开会之前就要把核心话题告诉成员，让其有侧重地去表达和输出观点，避免会议跑题，延长会议时间。

2. 会议中保持中立，善于营造氛围

紧张、严肃的会议氛围不利于与会人员充分思考并积极发言。团队长作为会议的主导者，要主动调节氛围，如在会议开始时先讲几个小笑话或分享一些生活中的趣事，以便有效缓解会议的紧张感，也能活跃与会人员的思维，让其快速进入状态。

会议中的自由发言阶段，气氛可能会突然变得冷清。这时团队长就要主动发言或点名发言，以保证会议可以顺利地进行下去。另外，团队长在点评成员发言时务必收起自己的主观态度。因为如果团队长先表明了自己的倾向，会造成成员下意识地附和，让会议结论丧失客观性。

所以，团队长切忌在会议过程中发表自己的观点，不管成员提出什么方案，团队长都要先客观记录，等到最后环节再发表自己的观点。

3. 会议中信息可视化

团队长可能已经在会前下发了会议资料，但会议中成员讨论出的重点内容可能未包含在资料范围内。这时，团队长就要充分发挥主观能动性，总结记录每位成员的想法或结论，注意字迹工整、逻辑清晰，必要时可以借助表格、图形等工具，以帮助成员明确会议的重点内容，并集中其注意力。

4. 会后总结

会议中可能会讨论很多内容，包括重要的内容和不那么重要的内容，团队长作为会议的主导者要负责做会议总结，帮助成员把整个会议的精华内容梳理清楚，并重复强调会议结论，以加深成员的印象。除了这些总结式发言，团队长还要具体分配好每位成员的任务，明确每位成员的责任，把会议重点切实转化成每位成员的工作内容，让成员在会议结束后直接就可以投入工作。

此外，团队长在开会时要注意把控会议的进程和时间，尽量减少不必要的讨论，以免占用成员过多的时间。

准时开始、准时结束不仅能提升会议的效率，也是对自己和他人的尊重。除了会议开始和结束的时间要准时，团队长还要限制每个议题的讨论时间。一个议题如果讨论很久还没有得出结论，团队长就要立即推进下一个议题，以免让会议陷入"死胡同"。

6.2.4　知行合一，事业必成

妈妈利用"团队长和IP"的方式创建团队，重要且容易的一种表现就是"知行合一"。不管是带货还是带团队，团队长都要有真诚、为大家服务的心态。每一条微信朋友圈的打造、每一次社群内的宣讲或直播，都是团队长自我人格的流露，且能给成员带来启发。每位团队长都有自己的风格，这种风格也会成为团队的吸引力，持续影响更多的妈妈。

在一份关于职场员工跳槽原因的调查统计中，"薪水太少"只排在了第五位，而排在前四位的分别是"没有受到尊重""没有参与组织决策""意见没有受到重视"及"付出的努力没有得到回报"。由此可以看出，"薪水太少"并不是职场员工辞职的主因，"没有受到尊重"才是。

在日常工作中，有些团队长经常会限制成员的创新行为，理由是成员的水平还不足以创新。其实成员没有团队长想得那么差，只是团队长没有激发出其内生动力而已。如果每位团队长都能公平地对待自己的成员，不断提高自己的领导力，让团队里的每位成员都能感受到温暖，那么这个团队才是所向披靡的。

在团队发展的过程中，可能会遇到很多的困难和不可抗拒的因素，但是这对于团队长来说，是挑战困难、战胜逆境、实现自我突破的一个机会。作为团队长，更要发挥百折不挠的精神，带领团队披荆斩棘、迎难而上。

团队长的榜样：年入百万元的团队长夏雪

夏雪，易灸灸最高级别合伙人，曾是某教培公司的高管，辞职后选择做一名全职妈妈。她在带两个孩子的同时，选择了副业创业的赛道。她是一位有魄力、有激情的创业型妈妈，她从 0 到 1 只用了一年的时间。

强大的内驱力是创业的根本

夏雪认为，无论做任何事情，自我驱动才是王道。她刚辞职回归到家庭时，没有收入，那么赚钱就成为她内驱力的源泉。微商属于轻创业，不需要所有的东西都从零开始。微商依托一个大品牌，但是在这个过程中还是需要夏雪自身去完成很多的事情，如明白代理制度，了解每个级别的定位，以及活动的周期等。在这个过程中，内驱力尤为重要。

内驱力决定状态。在访谈中，夏雪说的"状态决定口袋"这句话让我印象特别深刻。内驱力始终让她有着一种非常积极的状态。即使在面对复杂的家庭情况时，也能更好地平衡工作和生活。作为妈妈，带孩子时总会遇到各种各样的突发情况，有时处于情绪崩溃的状态。但是因为有内驱力，她就能及时切换身份，让自己回到工作状态。

强大的内驱力拥有自我"燃烧"的能力。内驱力会让我们定位更明确、目标更清晰，从而能让我们更快地上升，迎来事业的成功。

找到适合自己的品牌并做到极致

夏雪认为只有自己认可、喜欢某个产品再去经营和分享时,才会有持久的热爱。

她最早是从朋友那里接触艾灸的,知道艾灸是一种特别好的中医针灸疗法。然而她的妈妈在艾灸时不小心被烫伤了,于是她就从朋友那里买来了艾灸贴,抱着试一试的心态让妈妈来贴艾灸贴,最后发现效果很好。她认可艾灸贴,并成为艾灸贴的忠实粉丝,辞职后,选择的创业对象就是销售艾灸贴。

夏雪对品牌非常专一和坚持。她说其间也会有很多其他品牌的人邀请她,如减肥、团购或课程平台等,但她的精力是有限的。她更愿意把一个品牌做到极致。她的目标是先实现年收入 20 万元,然后到年收入 50 万元,再到年收入 100 万元。她想在这个品牌生根,做出更好的成绩。

自信、激情的创业者

夏雪认为正向循环很重要,能够为创业带来自信和激情。正向循环包括两个方面:一个方面是团队内部的分享和肯定;另一个方面是产品和人设的正向循环。

夏雪向来喜欢随手拍一些厦门的美食与美景,开始创业后,她经常把拍到的美食与美景照片分享到微信朋友圈或微信群中,渐渐地,她就变成了宣传家乡的"小达人"。团队中有谁来厦门旅行,都会让她做向导。群里面全国各地的代理商,都是通过她来进一步了解厦门的,这样有助于她很好地融入这个团队。做线上经营有一个非常重要的点,就是你要主动地融入你的团队。

在团队内部，她还会不断地分享自己擅长的事情。例如她特别擅长做美食，有一段时间她坚持给儿子做创意早餐，200 天不重样，并把制作过程与制作好的早餐照片分享给大家。所以，大家会因为她的分享而给予她积极的肯定，她也会得到正向的能量。这个便是她创业初期很大的信心来源。

自信会慢慢叠加，它也会迁移到其他方面。她被团队的很多人认可，被很多陌生的朋友认可。大家信任她，继而信任这个产品，所以会购买和使用这个产品。因为产品足够好，这种好的产品效应又给人设带来好的印象。这就是一个正向的产品——人设循环。

带团队打胜仗

夏雪认为只有自己的销售业绩足够好，才能给到团队更多的实战经验。所以前期就是冲业绩，业绩好，带团队也更有底气。

团队定位也特别重要，互帮互助的成长型团队里的每位成员都会有收获。这也是团队凝聚力的一个重要基础。团队还会紧跟品牌的节奏，跟着活动节点走，打造学、比、赶、超的正向"内卷"。

带团队最好的方法，就是带团队打胜仗。如刚刚过去的这个月，品牌有一个终端活动，夏雪的团队仅仅用了 9 天的时间就做出了 30 几万元的业绩。这样的一个零售活动，让大家觉得原来这个事情是可以做成功的。通过这样的活动，团队成员都觉得自己在做一件很有意义、很有前景的事情。多做几次这样的活动，团队整体的能量值与氛围会更好。

最后，夏雪送给各位妈妈几句话："山有顶峰，湖有彼岸。我们做事情的目的就是要做更好的自己。拥抱变化，拥抱成长，拥抱财富。如果没有钱，就先置顶赚钱的能力；如果不差钱，那么学习和成长是一辈子的内核，永远追求更好。"

第 7 章

榜样的力量：优秀业内人士访谈

在过去这些年的工作探索过程中，我有幸认识了一些行业内优秀的人，写这一章的目的就是希望把他们的一些想法、做法呈现出来，给正在摸索前行的妈妈一个参考。我很享受写这一章的过程，首先针对每一位"大咖"都做了一个问题表单，然后根据问题表单进行访谈，最后把访谈内容整理成文。和他们聊天是一件很愉快的事情，而且这种访谈会比平时聊天更加深入，对我来说又是一次学习。

7.1 创业者及投资人

本节我访谈了几位创业者及投资人，从他们的成长故事及对妈妈副业的建议中，我们可以学到一些底层逻辑。

7.1.1 副业妈妈，用聚焦并深耕来对抗时间的碎片化——复盘教练虚舟

虚舟是 3.0 复盘训练营创始人、培根书院创始人、《复盘》一书的作者。他拥有 10 年以上的教练经验，在复盘领域沉淀 5 年以上，辅导过 100 多家企业总监级别以上的高管，最近每年都会发表几百万字的心得总结。同时，他也是一个 40 多岁的普通大叔，两个孩子的父亲。

在访谈的过程中，虚舟老师提到，一颗葵花子放在家里永远是一颗葵花子，但是放到大自然中，在阳光、土壤、雨露的滋养下，就会成为一株向日葵，向日葵又会结出无数颗葵花子。

这个比喻他在很多场合都曾解读过："我们每个人就是那颗葵花子，人和整个宇宙及天地万物又是一体的，整个宇宙及天地万物就好像那株向日葵，客户则是我们的阳光、土壤、雨露，找到自己的阳光、土壤、雨露，服务好他们，我们都能像向日葵那样伟大。"

在整个访谈过程中，虚舟老师给我的感觉就是他把自己当成了那颗小小的、毫不起眼的葵花子。他在不断地通过格物、致知、正心、诚意、修身来精进自己，同时他把家人、同事、合作伙伴、客户都当作自己的服务对象。他说，"只有助人，才能更好地自助；只有利他，才能更好地利己。"

正心、诚意，更加清晰地认识自己

2016 年，虚舟老师因为工作的原因开始接触复盘，最开始他将复盘作为反思的工具，坚持了一年多，每天都在写复盘日记。2017 年，他开始去企业做推广，并在这个过程中形成了一些基本的方法论。2018 年，他开始做 To C 业务，办了十几期"21 天反思力训练营"。2019 年，复盘训练营在前期的基础上开始迭代、实践、总结、再迭代，到目前已经是 3.0 版本了。这几年的时间持续在复盘这个项目上反复打磨，虚舟老师说，他目前最主要的身份还是复盘教练。

那么，复盘到底是在做什么？虚舟老师总结，复盘其实就是找到错在哪里。我们不缺乏各种各样的经历，我们缺乏的是对经历的反思。复盘就是通过对每件事情进行深入、系统的总结和反思，来不断地调整、修正自己的行为模式，真正地把经历转化成对我们有用的能力。

所以，复盘不是想起来了才对自己进行一次深刻的自我批评，而是要持续、长久地对自己人生的各种事情进行总结和反思。复盘时要将心得、体会写下来，因为只通过想很容易陷入碎片化、杂乱模糊的思维，有时候甚至越想越乱，而写的过程有助于厘清思路。

当我们在行为模式上不断地复盘后，会慢慢地发现其实做一件事情的动机是决定我们行为价值的关键。例如，我们给别人提供帮助，最初是为了获得一个好名声，还是纯粹地想帮助他？动机不同，在帮助别人的过程中就会呈现不同的行为。如果我们在提供帮助的过程中遇到困难，那么前者会很容易放弃，而后者更能坚持下来。

对此，我联想到虚舟老师组织的"阳明心学读书会"。在"阳明心学读书会"上，虚舟老师经常提到我们的心是身体的主宰，心发出来的是念头，我们要诚实地面对心所发出的每一个念头，做到不自欺。古人常说"正心修身"，如果行为上的复盘是修身，那么念头上的复盘就是正心。

当我们不断地对心所发出的念头进行复盘时，我们会逐渐明确哪些是好的念头，哪些是不好的念头，我们应该去执行好的念头，去修正不好的念头。慢慢地，我们就会知道哪些事情该做，哪些事情不该做。我们的一生也许可以从像碰运气一样地做选择，转变成可以过一种更具确定性的人生。

修身养性，全心全意为客户服务

提起教练，大家想到的就是像老师一样去教授知识或传授技能。虚舟老师从开始工作就一直在培训领域，做的工作都跟教练相关，而提起要怎样做好教练，虚舟老师的回答却出乎意料："就像复盘首先要自我复盘一样，教练首先要搞定的还是自己。虽然有很多很好的工具去帮助我们做好教练，但是如果没有在自己身上用好，结果可能会适得其反。"

从这里也可以看出，虚舟老师无论做什么事情，首先都是从自身做起的。虚舟老师说当我们真正教好自己了，就可以从家庭或身边的人入手，把那些工具拿出来去一一实践。当然，如果短时间没有掌握那么多工具，其实也没有关系，有一个很简单的方法，就是问"为什么"，深挖下去，就一定能够找出一些重要的信息，帮助对方解决问题。

当你开始教他人的时候，其实也是在为他人提供服务。虚舟老师服务客户的态度在业界是有口皆碑的。在复盘营，甚至是在读书会，虚舟老师对学员的每一次作业都会进行非常认真的反馈，每年反馈文字输出量就高达几百万字。

当被问到服务客户的心态是怎么修炼而成的时候，虚舟老师说："很多人觉得'全心全意为客户服务'这句话，是一种情怀，是一种道德要求。如果这样说的话，道德高、境界高的人就要去做，道德、境界没有那么高的人就可以不去做。而其实'全心全意为客户服务'这件事情是一个成就事业的规律，一个人只有被更多的人需要，才能发挥更大的价值，一个组织也同样如此。"

正如前面提到的"向日葵"的比喻，客户是我们的阳光、土壤、雨露。在服务客户的时候，我们会受到客户的鼓励，也会产生更多好的想法。这样一来，我们又会给客户提供更好的服务，就会受到客户更多的鼓励。这是一个非常正向的循环，而在这个循环的过程中，我们的事业可能也在悄悄地壮大。

副业妈妈，用聚焦并深耕来对抗时间的碎片化

作为妈妈，家庭确实会赋予她不一样的角色和职能。时间碎片化是常态，妈妈如果没有强大的自驱力，那么兼顾好照顾孩子和发展事业是很困难的。

　　很多事情看似简单，但是要真正做好、做专业还是很不容易的，所以虚舟老师给妈妈们的建议首先是要找准自己的定位和目标。现在的人很容易焦虑，比如说我们经常看微信朋友圈，看到周围的人都在赚钱，有的人在这个行业赚钱，有的人在那个领域赚钱，越看我们会越焦虑，就忍不住去想："既然别人能赚钱，我要不要去试一试？"也许我们现在确实很缺钱，我们确实需要去赚钱，但我们不要把赚钱当作开始做一件事情的唯一目标。在此之前，我们要想清楚："这件事情我真的喜欢去做吗？如果要做 5 年、10 年、20 年，我可以坚持吗？"把这些事情想清楚之后再开始去做，至少不会偏离我们整体的目标。

　　在找准自己的定位和目标之后，就聚焦在这个目标上面，持续地深耕。因为我们的时间并不富裕，我们只能利用碎片化的时间去慢慢地耕耘。聚焦的好处就是，我可以把所有的心力都花在这个目标上面，慢慢地就会在这个方面变得越来越专业，而别人会愿意向你付费，也一定是基于你的专业。

　　最后，虚舟老师送给妈妈们一句朴素而又实用的话："全心全意为客户服务。"修炼好自己的心和身，精进好自己的专业，剩下的就是"全心全意为客户服务"，专业和服务是给客户最动人的礼物。

7.1.2　为孩子选择，要看着远方来决定当下——"网易有道乐读"创始人王丹丹

　　王丹丹，资深互联网公司产品经理，曾服务于腾讯、网易等头部互联网公司，现任"网易有道乐读"产品总监。

关于一个产品的诞生

王丹丹在当妈妈后，决定做更有意义、更有价值的事情。所以，她开始专注地做儿童内容，决定创立一个新的项目。

网易有道由周枫创立，周枫与网易创始人丁磊相识于 2004 年。当时，丁磊正为 163 邮箱寻找拦截垃圾邮件的方法，他在网上翻阅到了周枫的一篇论文——《P2P 系统中的近似对象定位和垃圾邮件过滤》，于是丁磊给周枫发了一封电子邮件，标题写着"我是丁磊，找你有事"。2005 年，在丁磊的鼓励下，周枫回国加入网易，帮助网易开发反垃圾邮件系统及后来广为人知的网易动态密码保护系统——"将军令"。

自此，周枫开始了他在网易的"内部创业"，一步一步见证着网易有道走上上市之路。"网易有道乐读"的创立，来源于 3 位妈妈的一拍即合，一位妈妈是十余年来参与了多个 App 上线的网易产品总监，一位妈妈是南京大学出版学博士毕业的资深图书编辑，另一位妈妈是供职于多家教育类产品的教育专家。她们在工作中是伙伴，在生活中是朋友，面对目前行业内还未成型的模式，她们一拍即合，决定开辟阅读启蒙行业的蓝海，开发一个满足目前孩子阅读需求的 App。

做有价值的产品

因为识字、拼音等产品在课程市场中有很多，学校也在授课，所以在最初创立的时候，王丹丹就将目标定位为非刚需的软件。"网易有道乐读"希望能够补充学校里面不常接触的内容，通过阅读的形式来培养孩子的思考模式。"网易有道乐读"的课程也是围绕阅读来展开的，从中提炼阅读方法。这些方法训练孩子的思考模式，如分类、找线索、做对比、联系等，让孩子的知识可以在多场景迁移。

课程上线后，家长的满意度很高，也期待有更多相关产品，由此她

们开始筹备写作模块。写作也是先从观察开始的，从自己的生活周边找
到素材，然后按照一定的逻辑呈现内容。

通过课程按部就班地培养孩子的习惯，让孩子保持学习的习惯和
思考逻辑，甚至到孩子长大之后依然可以持续提升，将其内化为一种独
属于自己的学习方式，这是"网易有道乐读"一直想做的事，因此很多
的工作都是围绕这个逻辑展开的。

此外，王丹丹希望教授孩子阅读方法、思维方法及写作技巧。

发展及畅想

"网易有道乐读"课程有几十万名用户，整个平台有几百万名用户。
随着时代的发展，孩子对阅读的需求已不再局限于传统的出版物，有声
读物有不错的内容，短视频也是不错的形式。总而言之，"网易有道乐读"
会利用多种形式把好的内容与最佳的形式聚合起来，点亮孩子的明天。

最后，王丹丹送给正在做副业的妈妈两句话，一句是"为孩子选择，
要看着远方来决定当下"；另一句是"人生的起点并不那么重要，重要
的是你最后抵达了哪里"。

7.1.3 推进真正育人的教育——"圆桌星球"创始人周枫

周枫，毕业于美国伊利诺伊大学电子工程专业，曾在硅谷的一家独
角兽公司担任产品经理，带领跨国团队研发百万级企业用户平台并擅
长数据平台搭建与商业智能分析。经历两次创业的他，又开启了第三次
"圆桌星球"之旅。

偶然间看到的同类型理论课程促使了"圆桌星球"的形成，周枫一
直以来追求的理想教育形式是引发孩子的思考，通过不断的研究，他终
于摸索出了一套一应俱全的商业模式。随着公司的日渐壮大，整个产品

线被命名为"圆桌星球"。

为何决定做"圆桌星球"

希望自己能做出一些改变中国教育现状的事情，这是周枫一直以来的美好向往。在经历了多种尝试后，周枫被"以学生为中心"的思辨课程形式深深地吸引了。在充满无数不确定性因素的情况下，"圆桌星球"不仅成功地取得了良好的商业化体系，还实现了国内当前比较顶尖的行业增速。

初次接触"项目式学习"课程形式，周枫便回忆起自己童年时期在家里与爸爸平等、开放地讨论各类问题的温馨场景。周枫从小在这种珍贵的家庭教育模式下浸染，为他日后思考力、领导力的形成都奠定了良好的基础。"圆桌星球"思辨课程的问世，在极大程度上为更多孩子思辨力的提升注入了希望之光。周枫认为最容易使孩子养成思辨能力的地方是家庭。

周枫在大量的家庭访谈中发现，在学校里成绩出色的学生，他们很多都有一些共同点：不上补习班、亲子交流方式均是"圆桌会"的形式。正是这种平等、开放、包容的家庭环境，有效地滋养了孩子的学习力、思考力及情商。

周枫认为，目前的教育过于注重课本内容与技能教授，忽视对孩子情商、自我思考、价值观等方面的塑造。孩子生命成长过程中非常重要的一系列核心素养问题，本该是父母亲自培养的教育内容，在今天也已拱手让与学校。当下及未来的时代，也不全是纯粹拼知识的时代。

作为"技术男"的周枫，不仅在短时间内将"圆桌星球"复杂的供应链与业务线打通了，甚至优于同行业。

成功的核心在于其中的底层系统思维、多角度辩证发挥出的巨大作用。这些优势从哪里来？都是父母给予的。正是因为自己是思辨教育的受益者，周枫决定用"圆桌星球"来影响更多的孩子与家庭。

妈妈大学未来构想

基于大部分家长所面临的教育焦虑问题，周枫认为，一切应从最根本的基础教育理念入手，让家长明白应试教育不是唯一的可能性。那么，教育里其他可能性是什么？父母在教育当中应扮演什么样的角色？家长对自己的定位是什么？

面对这些思考与定位，"圆桌星球"创建了"妈妈大学"这一家长学习体系。在周枫看来，当前的一些家庭教育大多过于片面，或者为了考证而考证，让学习目的变得十分功利。在"妈妈大学"体系当中，作为家长不仅要学习如何教育孩子、如何与孩子共同成长，还要学习如何实现自我的成长。

"妈妈大学"始终秉持着育人的初心，不仅肩负着让每个孩子都拥有自己的观点的使命，还凭借独特的圆桌课程体系、开放且富有创造力的教学方式，让众多孩子和家长感受到思辨的光辉。

领袖家长如何影响更多的人

周枫的教育理念从来都不是从专业教育书籍中获得的，他是在与团队成员及家长的交谈中发现了教育的本质。

当前，教育是一个相对传统的领域，将教育做成一款"商业爆品"是一件充满极大挑战的事情。作为"圆桌星球"的创始人，周枫一直在思考：好的教育是什么？思辨教育到底又是什么？以期赋予孩子更多的可能性，给予他们无限的勇气，让他们自信地叩开通往未来世界的成功之门。

如何去推动？周枫推出了"线上"与"线下"两套模式。

线上推动的主要形式有社群、微信朋友圈、自媒体。线上形式的内容更加丰富、充满共创性。线上形式的优势主要体现在内容性、评价性与传播性方面。触感协作与大型项目体验感略差是线上形式目前的不足之处。

线下形式将采取场景式学习，让家长与孩子产生浓厚的学习兴趣，不仅要学习知识，具备团队协作的概念，还要将所学内容成功融入社会，线下形式应当具有区域独特性。希望更多的家长通过线下形式真切地体验到思辨的魅力所在，感受到"圆桌星球"正在做的思辨教育是一件很了不起的事。

思辨能给孩子带来哪些核心素养

我们可以发现成功的孩子具有思辨力。倾听、合作、组织是未来人与人之间拉开能力差距的主要因素。

思辨教育不仅能让孩子对社会更具有使命感，同时将大幅度提升孩子正确的自我认知。周枫期待着这些孩子能将美好的想法付诸实践，让更多的孩子成为对世界产生正向影响的人。

"圆桌星球"对妈妈群体赋予的成长

周枫认为，教育理念及商业模式固然重要，但还需要把妈妈当成真正的共创者来一起为这份事业助力。当代妈妈自我价值的实现与归属感尤为重要，周枫会用最真诚的方式努力推动妈妈群体自我价值的实现。

7.1.4 用精神力量感受生活的美好——教育行业投资人 YF

YF，毕业于北京大学经济学专业，在过去 5 年主要从事教育投资与投后管理。其不仅拥有丰富的教育项目投后经验，还擅长市场需求分析、产品运营创新、战略规划。

普通项目与妈妈创业项目的相同点

YF 认为，普通项目与妈妈创业项目都是通过自身的产品来搭建公司或创建团队的，让自己设计、生产的产品能够被更多的人接触，努力寻找个人能力和影响力被充分放大的机会。

对于妈妈群体而言，在分享教育和生活理念的同时，也可以从事销售一些自主产品或第三方代理产品。这些能够在可以接受的群体里被广泛传播，同时产生自己的影响力和价值。

无论是何种创业社群，都应具备极强的信念与判断力。信念能够增加创业成功的可能性，判断力能够帮助创业群体发现更多的机会。

对于普通创业者而言，他们更多发现的是客户需求；对于很多妈妈创业者而言，她们要将项目内容与客户妈妈群体关心和关注的话题点结合起来，以便找到更多的渠道点与销售点。

努力形成自己的团队与文化，从而在流程上提升成员之间的共事效率。YF 认为，在这个过程中，不仅能扩大团队规模，同时会为创业成功带来更多的可能性。

让"自我强迫"点燃孩子内在的发动机

YF 认为，无论家长对孩子实施的是怎样的家庭教育理念，大家都希望孩子拥有良好的性格与自我意识。

学习的核心在于自我学习的动力。YF 用一个比较时髦的词语来形容叫作"借假修真"。无论是什么样的家庭教育陪伴方式，都希望孩子在家庭创造的环境中慢慢地发现自己人生的追求及生命的意义。同样，孩子在未来的学习中也应意识到主动、积极的重要性。

通过"自我强迫"的学习方式来达到学习目的，过程大多都会极其痛苦，但结果总是美好的。YF认为，在日常家庭教育中，父母应该努力让孩子体验"自我强迫"的快乐。当然，家长极力地去发掘孩子的爱好，用孩子的热爱与快乐来抵消"自我强迫"的痛苦，也是一种不错的方式。久而久之，成年之后的孩子会具备相应的能力与习惯。

YF自己便是用"自我强迫"的学习方法考入北京大学的，YF认为成为一名好学生的真实感受是愉悦的。所以，一旦孩子跨过了"自我强迫"作用下的临界点，并一直对自己提出新的要求，一切美好的结果也会随之而来。

最后，YF送给各位妈妈一句话："愿你能以更饱满的姿态去感受自己生活里的美好。"

7.2　KOL

在这个"以流量为王"的时代，很多人都会通过微信公众号、视频号等各种新媒体为自己"圈粉"，然后实现创收，但是随着走这条路的人越来越多，新媒体也成了一片"红海"。我访谈了两位在这片"红海"市场打拼出不错成绩的KOL（关键意见领袖），他们曾经只是出于对某件事情的喜爱，想跟更多的人分享，然而跟随者越来越多，慢慢地，这件事居然发展成了他们最重要的事业。

7.2.1　原创漫画家——"牛乱画"博主牛妈

牛妈是很多妈妈特别喜欢的一位漫画作者，她是一位80后，武汉人，毕业于清华大学美术学院，在校期间就出版了漫画书。她曾做过酒店设计师、游戏国内公司原画师，参与了很多 AAA 级大型游戏的开发。

牛妈微信公众号的名字是"牛乱画"。她一开始将运营微信公众号当成一个副业、一个爱好。所以，牛妈总说自己的主业是带孩子，副业是运营微信公众号。

初心

牛妈在运营微信公众号之前，从事漫画行业。因为她很想用漫画的形式来表达生活，所以她就一直在画网络条漫，而且漫画中的文字内容是英文的。有一天牛妈的一个好朋友跟她说："我觉得你挺适合去运营微信公众号的。"其实，那时候牛妈对微信公众号是很懵懂的一个状态，经过朋友这么一提醒，牛妈认真思考了一段时间，最终决定试试看吧。就这样，牛妈进入了微信公众号领域。

牛妈感慨地说："现在回头看，我从最初的懵懂，一直坚持到现在，真的是机缘巧合。"

很多读者问牛妈："漫画的灵感一般来自哪里？为什么能用那么短的时间画出那么多优秀的漫画？"牛妈对自己的漫画引起的反响还是很吃惊的，她创作的很多内容都来自她的家庭生活，如养育孩子时遇到的各种问题、搞笑的片段，她在美国生活的所见所闻及自己的感触等。

牛妈认为能与大家产生这么多共鸣，是因为漫画中的内容也是大部分人的真实生活。毕竟带孩子的各种状况大家也都经历过，家庭生活的场景也各有相似，牛妈只不过是用漫画的形式把它们提炼和呈现出来罢了。这也正是牛妈的初心——用漫画的形式来表达生活。

牛妈说自己的创作速度很慢，每周最多可以更新两篇内容，有时候她也想快一点，但又不能保证质量，而且无法把她要呈现的生活状态表达出来，这样的话就可能会偏离自己的初心。

没法提高速度，牛妈的选择是保持让自己觉得比较舒服的频率，从开始构思、收集资料到产出作品，一般来说至少需要两天。

拖延的创作和生活状态

可能很多人会好奇：就画这点东西，需要两天？

是的，至少需要两天。

牛妈幽默地说，大部分时间自己都是坐在电脑前面发呆。

牛妈一直拼命地想提高自己的效率，也尝试了一些方法。但效果并不好。创作漫画所指的"两天"时间并不是每天 24 小时都在创作，创作时间可能只有 8～16 小时，而且大部分时间都是在发呆、拖延。

她的读者说她现在更新发文的频率越来越低了，对此牛妈表示很多的时候自己都会画到后半夜，因为只有到那个时候才能够集中精力，快速地完成。牛妈说自己不是一个很好的榜样，但这就是真实的自己，没有能够非常好地进行时间管理的秘籍，只有鸡毛蒜皮，各种各样的事情充斥着牛妈的创作和生活。

牛妈说，运营微信公众号还是挺难的，她一直想把它当成一件很有趣的事情，既是工作，也是爱好。如果将运营微信公众号当成任务，每天必须早起坐在电脑前面，干足几个小时，那么牛妈的创作欲望和积极性就会受影响。

所以，牛妈就常常安慰自己，有趣的灵魂需要空间。

但拖延也对牛妈造成了一些影响，毕竟熬夜很伤身体，所以牛妈一般在完成一篇文章之后，得缓个两三天。如此反复，又影响了下一步的工作。拖延给牛妈造成了困扰，于是她开始思考如何改掉自己的这个坏习惯。但对这样一位初心依旧的人来说，拖延并不是其难以攻克的难题。

最后，牛妈也想送给各位妈妈一句话："不要想太多，朝着自己的目标前进，因为没有努力是白费的。"

7.2.2 拥有超 10 万名粉丝的视频号博主——海豚老师

海豚老师原名刘兴洪，曾担任 2017 年星光大道城市选拔赛评委。微信视频号的名字是"海豚老师撩音乐"。海豚老师是一位拥有超 10 万名粉丝的音乐博主，同时是重庆弹弹科技有限公司共享钢琴室创始人、高级钢琴调律师、国考中学音乐教师、认证原创音乐人。

曾经的海豚老师

海豚老师也是我一位非常要好的朋友。他是一位土生土长的 90 后重庆帅哥，大二时期，他就创办了音乐培训机构，在机构运营期间担任钢琴、吉他、架子鼓等专业课程教师。

大学毕业后，海豚老师就职于重庆市一所重点小学——重庆市九龙坡区谢家湾小学，在校期间担任音乐教师及班主任。由于才貌双全，被同事戏称"谢小周润发"。

个人 IP 创业故事

由于当时的海豚老师是一名副科教师，平日里接触孩子的机会相对主科老师来说较少，因此虽然他身为班主任，但是一些班级管理工作开展起来不是十分顺畅。海豚老师认为当时的自己一定不能局限于此，于是，便重启了创业之路，与朋友一起成立了重庆弹弹科技有限公司，后由于共享经济的行业震荡与经营不善，海豚老师创业失败、负债累累。

海豚老师非常清楚直播带货在短视频时代一定是一个潜力巨大的

变现方式。在这样一个信息爆炸的时代，每个人都渴望通过学习来提升自我，海豚老师擅长的直播教学便有了巨大的优势。

直播教学的及时性、互动性与线下的教学本质相差无几，且能及时弥补线下教学因距离与时间而造成的不足。初期的线上平台对于乐器的直播操作并没有完善的功能支持。微信视频号的出现支持了 OBS 推流，同时可以通过电脑直播，解决专业设备的接入问题。于是，海豚老师开启了微信视频号直播，如今的海豚老师已成为超人气音乐博主。他将自己的热爱，通过直播发展为成功的事业。

直播路上的学习与成长总结

1. 同行是你最好的老师

海豚老师在访谈时告诉我："你想做的任何事情，都可以用适合自己最好的方式去实现。"当海豚老师开始自己尝试直播并观看同行直播时，对"三人行必有我师"有了更加深刻的感触。在向同行学习的过程中，海豚老师不仅可以发现他人的优点与不足，还可以看见自己的优点与缺点，为改进和优化自己的呈现方式提供了宝贵的学习机会。

2. 视频直播增长裂变的方法

微信视频号是基于微信号之上的，始终与微信号属于一个区域生态体系，微信号直播初期会依赖自身私域流量的基础支持。海豚老师强调："一定要拉下脸皮去分享微信朋友圈，不要害怕被嘲笑。任何事情它都会有一个'烂开始'。所以，我非常理解妈妈是如何克服发微信朋友圈而害怕被人嘲笑的心理的。"

想要实现直播裂变增长，关键在于以下两点：首先，要激励自己不断提升，用户看了才会真正认可直播内容；其次，在保证优质直播内容的前提下，发动好友为你分享、推广，这样便有利于使直播形成一个比较良性的增长与循环。

课程设置与运营模式

海豚老师最初的课程产品形式是从同行那里借鉴而来的，不过，这些并不适合海豚老师自己的课程安排。在不断地摸索与实践中，海豚老师终于打造出了适合自己课程产品的形式。

1. 录播课：引流单品 10 节乐理体验课程

海豚老师的 10 节乐理体验课程，对于初学者而言，不仅是用来引流的重要方式，也是后期学员学习的重要基础部分。69 元 10 节乐理体验课程成了课程变现初期简单、可行的模式。对于海豚老师的学员而言，69 元的价格也是一个让人容易接受的消费门槛，类似一般产品的"引流款"与"利润款"概念。

2. 分级 VIP 直播课程

"利润款"便是海豚老师的 VIP 直播课程，一个线上付费课程要更加注重服务与更高的内容输出质量。海豚老师计划每月开设一期直播课程，其优势在于，大部分线下同行的相似课程单门价格都在 5000～8000 元。海豚老师的线上 VIP 课程，用专业与良心价格为更多渴望学习音乐的人提供了优质的学习内容，因此成为更多用户的第一选择。购买过 69 元乐理体验课程的学员在体验过海豚老师的 VIP 课程内容后，也容易实现从基础学员到 VIP 学员的转化。

给妈妈群体的直播建议

关于给妈妈群体的直播建议，海豚老师认为妈妈群体的直播内容一定要符合妈妈群体的身份特性，这样不仅有利于直播内容的轻松输出，更能在妈妈创业期间实现工作、育儿的双丰收。

海豚老师建议，妈妈群体可以尝试母婴用品类的实体产品带货直播，也可以通过妈妈在育儿期间不断的学习或考证来实现知识付费直播。例如，家庭教育指导师，就是一个不错的知识变现方向，以及更多关于亲子身心方面的学习内容，都有助于妈妈群体拓宽自己的人生赛道。

海豚老师认为，直播时的心态、氛围营造、价值输出也尤为重要。直播的实操其实可以通过不断的练习与总结来实现提升。直播时切记不要有"偶像包袱"。首先，要用自己真正放松的状态来感染屏幕前的用户；其次，分享的内容也一定要专业、有趣。如此一来，直播将会变得越来越有价值。

人生就像盒子里的巧克力，你永远不知道下一颗会是什么味道。海豚老师希望各位妈妈能在自己热爱且擅长的领域里闪闪发光。

7.3 大团队长

前两节关于创业者、投资人、KOL 的介绍，也许普通妈妈还是觉得离自己有点远。如果我们没有那么强的 IP 背书，也不是公众人物，那么我们可以做什么呢？接下来对 3 位大团队长的访谈，或许能给我们带来一些启示。

7.3.1 因为热爱，所以分享——Jessie

Jessie，原世界 500 强企业市场负责人，生完孩子后便辞职了，从 0 起步开启了创业之路。同时，她不断学习、深造，坚持做公益。她是绘本阅读指导师、亲子研学指导师，还是千人团队的负责人。

做项目的初心和情怀

Jessie 在身为全职妈妈的时光里，面对孩子的变化及成长过程中的一些问题，激发了自己在育儿领域好好学习的心态，立志要做一个学习型妈妈。偶然的机会，她结缘了绘本馆，成为一家知名育儿平台的会员，闲暇时间她会在会员群里分享自己的心得。平台看到了她的用心，邀请她去管理和运营当地的会员群。因为热心、爱分享，她开始有了自己的"小舞台"。

2020 年，Jessie 遇到了"好奇说"，在短期内就创建了自己的团队。Jessie 在创建团队的时候，发现很多妈妈觉得自己没有价值、很迷茫。其实每一个全职妈妈都值得被肯定，她们也同样有能力活出自己的光彩。正因为如此，她想借助"好奇说"这个项目，让妈妈自我成长，实现自我价值，可以在陪伴孩子的同时有一份收入。

任何事，想一万遍不如做一遍

Jessie 在带团队的时候深切地感受到妈妈在创业的过程中都会有很多想法，但当她们真正实施的时候会遇到很多困难，因此她们会产生中途放弃的想法。

任何事，想一万遍不如做一遍。因为在做的过程中，会发现很多问题和困难。虽然有些困难很难被攻破，但最终我们可以找到克服困难的方法。过程很艰辛，但坚持下来就是成功。在做的过程中对更优化的方案的思考，也能使我们的能力得到提升。

要记住，办法总比困难多，不要害怕跌倒，要相信自己可以做到。

团队长，如何搭建自己的团队

Jessie 认为，首先要给团队确立一个目标，然后基于目标搭建团队的职能和框架。为什么要这么做呢？因为清晰的目标是成员可以高效做事的根本。当有了目标后再鼓励队员突破自己，获得自我成长。

Jessie 团队里的很多妈妈都有自己的特长，如有的擅长表演，有的擅长演说，有的擅长写文章等。每个月她会确立一个活动主题，鼓励各位妈妈踊跃参与，再将她们的作品整合在微信公众号中，这样会让她们非常有成就感。

成功的团队长更是 HR

一个成长型的团队，不是团队长一个人在前面冲锋陷阵、大包大揽，而是使团队中的每位成员都发挥各自的特长、优势。团队长需要将其推到团队的前端去担当团队某个领域的意见领袖，带领整个团队一起前进。

冉冉妈妈是"好奇说"里的创作家，在创作平台负责写作部分。她在加入平台之前是非常不自信的，随着她不断的练习、思考和总结，她变得越来越自信，并带领了许多不擅长写作的妈妈进行创作，因此她在团队里也有着特别大的人格魅力和影响力。

团队长要给团队里的成员更多的机会，让其展示自己，在团队里承担重要的任务和角色。这不仅有利于其个人成长，还会带动团队的其他成员一起成长。

成长和收获远大于金钱的满足

团队长运营团队最好的方式，是带着大家一起成长，让每位成员都能够为团队出力。在这个过程中，成员所获得的成长和收获，也能够给予其精神上的富足。

让团队里有意愿的成员去做其感兴趣的事情，这样才能够激起成员更多做事情的动力。在 Jessie 升级为服务商以后，她决定在团队里挑选核心成员，并将一定比例的个人收益拿出来，作为核心成员对团队贡献的报酬。最开始，她认为这样做是对的，觉得大家可能就是一个利益共同体了，在任何时候都是捆绑在一起的。

但是这样运营了一两个月之后，她发现并不是给予大家利益，大家就愿意完全倾其所有地为团队做贡献。甚至有的成员说："这个团队是你的，我只是在帮助你做，如果最后团队的收益不是很好，我分到的钱不多，那么我付出这么多的意义何在？"

团队的成长离不开每位成员的成长，在面包和情怀都有的前提下，需要更多地注重每位成员的自我成长。

7.3.2 坚定走在实现梦想的路上——茸格

茸格是一位 85 后的创业妈妈，她还是新消费社群零售专家、轻创业导师、拥有 10 万多名粉丝的母婴社群队长。学美术出身的她，研究生毕业后做过大学老师，也做过互联网运营，在事业蒸蒸日上之际，为了宝宝毅然选择了成为一名全职妈妈。但是不甘平庸的她即便做了全职妈妈，也想活出自己的精彩和底气。她从 2018 年开始接触副业，到现在月入 10 万元，双胞胎妈妈茸格正坚定地走在实现梦想的道路上。

做副业的契机和初心

茸格最开始的初心是想给孩子提供更好的生活条件。没有宝宝之前，她一直秉持吃喝玩乐、开心就好的状态，但是有了宝宝之后，为人父母的责任心渐增，茸格希望给两个女儿提供好的生活条件，让女儿和周围的同龄孩子一样能去好的幼儿园，能参加她们喜欢的兴趣班。

另外一个契机就是寻找全职妈妈以外的成就感和自豪感。虽然因为家庭原因，茸格不得不放弃工作，将精力更多地投入家庭和孩子身上，但是她不想让自己沦为大家口中的"黄脸婆"。所以，她开始寻找一些做副业的机会，希望在新的领域和平台实现原来在工作中的那种成就感和自豪感。

此外，茸格想帮助更多的全职妈妈找回生活的底气。茸格开始做副业后，慢慢接触到身边一些"北漂"妈妈，甚至还有北京本地的妈妈，大家共同的感受就是在生了孩子之后，要兼顾家庭和事业，在工作时不再像原来那样得心应手了。还有的妈妈像茸格一样迫不得已放弃事业，做了全职妈妈。看到其他妈妈有着和自己一样的困惑，茸格内心燃起一股力量，她不仅想要实现自己在副业领域的成就感，更希望带领众多妈妈找回曾经的光芒。

做副业的方式

做副业有两种主流方式：一种是打造个人 IP，另一种是做团队长。茸格毫不犹豫地选择了做团队长。茸格是一个白手起家的团队长，做任何副业都没有导师带领，而是靠自己一路摸爬滚打。但是也正因为没有人带领，她才会有破釜沉舟、釜底抽薪的勇气，强迫自己去想、去做，全身心地投入进来。但是个人的力量毕竟是有限的，所以从一开始她对自己的定位就是带团队、打造私域流量。

茸格曾经在工作之际接触过很多创业者及天使投资人，并得益于此，提升了自己的格局。她深知当一个人单打独斗地去做一件事情的时候，一开始的收益、成长比较多，但从长远来看，没有人共同分担压力，想要更进一步提升就会比较艰难。

虽然带团队个人的既得利益会减少，但这种损失只是暂时的。当团队中那些更优秀的人被培养出来之后，就会换来更多的收获，也会节省更多的时间，还会拥有巨大的能量。

如何做好团队长

学会做一个新时代的"伯乐"，善于发现生活中有潜力的人。在创建团队的过程中，茸格一直在剖析和发掘有潜力的人。团队起步时的成员来源于她的高中同学、大学同学、研究生同学、前同事，甚至还有她爱人的前同事。

现在团队中最得力的团队长，就是茸格爱人的前同事——一位北京本地妈妈。茸格当时关注到她，是偶然看到她的一条微信朋友圈——"凭借自己的努力，终于在北京买下了一套自己的房子。"茸格觉得一个北京本地人还能做到如此拼命，肯定内心对赚钱非常感兴趣，而且也非常努力，或许可以成为自己团队的得力助手。

更多的交流和坦诚，才能建立信任感和号召力，并扩大资源圈。茸格团队的核心成员，大部分都来自她怀孕时所创建的一个妈妈微信群。做副业之前，茸格其实并没有任何的人脉资源，她来北京比较晚，而且曾经就职的公司都是小公司。不过茸格比较热心，经常在群里组织一些线下活动，慢慢地就赢得了群里其他人的信任，也逐渐积攒了一定的影响力和号召力。

她的妈妈微信群开始一点点裂变，从最初的 40 人慢慢扩大到 500 人。在决定做副业之后，茸格很直接地在群里向大家公布，也坦诚地告诉大家她的收益及事情的进展。她希望让大家看到她的坦诚和积极向上，愿意和她一起努力。

遵循"二八法则"，培养精英团队。茸格非常认可"二八法则"，因为一个人的精力有限，不可能去管理整个团队的人，只要把这 20%的团队精英培养好就行。不过在团队创立之初，茸格采取广撒网的做法，作为一名"草根"创业者，她很清楚自己没有资本去挑选应聘者。但是到了后期，她会遵循"二八法则"，把团队打造成一个大家非常向往加入的精英团队，而精英自然会吸引更多精英的加入。

团队的规则和底线不容碰触。团队发展到一定规模的时候，难免会有一些价值观不一样的人加入进来，茸格的团队中就曾经有一个人用一些不道德的手段盈利。因为此人是决策层的团队长，她的这种行为严重影响了团队的风气。鉴于这是她第一次"犯错"，茸格选择了原谅，还拿出了一个比较详细的整改流程与她进行一对一的沟通。但是茸格也明确表明了自己的态度，绝不允许再有这样的事情发生，所以当这个人不知悔改，再次违反团队的规则时，茸格直接把她和她的整支团队"砍"掉了。虽然这一举动严重影响了自身的利益，但是她必须坚守底线。在这件事之后，团队的凝聚力发生了质的飞跃，大家都开始积极地发展团队，积极地做事情。

所以作为团队长，既要有足够的包容性，也要有自己的底线和原则。底线和原则一旦被触犯，就要尽快采取相应的措施，及时止损。

团队培养模式

返利项目就像金字塔模型，团队长在顶端，下面是她的直接粉丝或间接粉丝。很多团队长会花费心思去培养底下的人，但是不会想着把大家培养成团队长，因为这些人带给了她足够的收益，而一旦底下的人成为团队长，就会分走一部分收益。但茸格并不认可这种模型，她认为最理想化的团队模型是一个梯形，把第一梯队的直属粉丝打磨得足够强，都培养成像自己一样的团队长，那她们自然而然地就会向下裂变。

另外，茸格也会把时间和精力更多地放在那些有发展潜力的成员身上，鼓励她们在成长的过程中，勇敢去闯、去尝试。只要她们能给自己创造足够的价值，而且立场是对的，即便她们"闯了祸"，茸格也会为她们解决后顾之忧。

在茸格看来，如果自己主动去帮助团队的成员解决一些难题，那她们永远不知道这件事情的后果是什么。但是如果让她们"撞了南墙"，体会到头破血流的后果，在以后遇到这种事情的时候，她们就会懂得如何去做。这才是对她们有利的方式，也是对团队有利的方式。

如何平衡事业和家庭

专业的事找专业的人去做，不要把所有的责任都揽在自己身上。有些妈妈可能认为只有自己亲自带孩子才是最好的，因为可以给孩子全方位的陪伴。在她们看来，育儿嫂不如自己上心，老人和自己的教育理念又不一样，所以只能自己放弃工作去陪伴孩子。

茸格认为其实每一个人都有自己擅长的领域，我们首先需要知道自己最擅长的是什么，最能带给自己和家庭的价值是什么，然后去创造这个价值，获得丰富而有趣的人生体验。如果我们的关注点都在孩子身上，我们可能会失去更多，如失去更多的追求、失去让自己变得更美好的机会。

在茸格看来，带孩子很重要，赚钱也非常重要，但是丰富而有趣的人生体验，才是更重要的。所以，我们一定要知道自己真正想要的是什么，从而在家庭和事业之间做出合理的选择。

高效、高质量陪孩子+靠谱的育儿嫂

在陪伴孩子方面，茸格觉得其实没有必要把一整天的时间都花在孩子身上。陪伴的质量比时长更重要，我们平时每天可以抽出一个小时或半个小时，周末抽出半天或两到三个小时来高效地陪伴孩子就足够了。

茸格曾经雇佣过一位育儿嫂，虽然这位育儿嫂刚开始接触育儿领域，但是对待孩子非常用心，而且也会很认真地学习育儿知识，同时这位育儿嫂的仪态、素养等各个方面都非常好，也给孩子起到了很好的榜样作用。即便现在已经不再雇佣这位育儿嫂了，茸格和育儿嫂仍然保持着非常好的关系，育儿嫂经常会给茸格的孩子买礼物。

如果是老人帮着带孩子，那可能需要妈妈去做一些改变，抓大放小，不要事事都按照自己的意愿来，否则不仅会让老人感觉不开心，还会导致很多矛盾。茸格现在不用育儿嫂，因为有老人帮忙带孩子。在带孩子的过程中，老人的一些理念和茸格的完全不一样，但是很小的、无伤大雅的方面，茸格不会过多干涉，而是让老人按照自己的方式去陪伴孩子，自己只把握大的方向就好。

7.3.3 央企 HR 走出舒适圈——逗逗妈妈

逗逗妈妈是一名在职的央企 HR，通过自己的不懈努力获得了高级经济师资格。逗逗妈妈勇于突破自我，坚持长期主义，是一名具有领导力的新时代女性。

做副业的初衷是什么

在常人看来，逗逗妈妈在同龄人里面其工作算是比较稳定的。她做副业的初衷是觉得自己的事业到了一个瓶颈期，她希望能够突破自己。

2018 年，当她家二宝还小的时候，宝宝需要用到很多的婴儿用品，刚好她的妹妹有这个渠道，于是她做了一段时间的代购。其实，逗逗妈妈在做代购前对销售有一些抵触，她认为自己从小到大学习一直很好，学历水平也比较高，她不希望自己为了推销一个产品而在别人面前喋喋不休。

但到了某个阶段，她突然想去突破自己，想挑战一下销售的工作，经过了一段时间的思想挣扎之后，她决定开始做副业。她经常思考怎样把身边的朋友服务好，而不是单纯的买卖关系。

在她看来，客户在她这里能得到的不仅是产品，更是服务。在刚开始时，逗逗妈妈也建立了一个微信群，成员大概有一两百人，当时大家的热情都很高涨，因为她的人设比较好。

逗逗妈妈说，即使不做副业的人也是有人设的。例如，如果我们在朋友心中是比较可靠、踏实的，那么不管我们做什么事情，朋友对我们的信任度都会很高。在她看来，不管是做副业，还是在平时的工作或生活中，把自己做好才能达到双赢。

在逗逗妈妈看来，普通的产品对于任何人来说都差不多，而且大部分人都可以去售卖产品，但不是每个人都能售卖知识产品的。对于知识产品，首先我们自己要有底气、有能力去很好地介绍这个产品，然后才有资格销售这个产品。

于是，她在一家辅导机构担任了一年多的英语启蒙导师。通过这段经历，她获得了更高层次的成长。逗逗妈妈的工作非常辛苦，经常在前一天晚上要备课到很晚。

后来，由于机缘巧合，她接触了"习惯熊"。加入"习惯熊"的这两年，她带领团队屡创佳绩。之前她没有带团队的经验，一开始她特别没有自信，但是她踏踏实实、尽全力地做好每一件事，最终也都取得了不错的成果。

关于不好意思在微信朋友圈发布广告，如何打开这个心结

在被问到这个问题时，她觉得自己有一个还不错的学历水平，也有一份非常体面的工作，这些客观因素使她可以突破自己的心理防线在微信朋友圈中发布广告。

在她看来,发微信朋友圈有很多技巧,不能只为推荐产品而推荐。当她发自内心地给大家推荐自己用过的比较好的产品时,她就比较有底气。

在她看来,一些原来我们觉得可能做不到的事情,一旦突破了其中一个点,我们自然能够陆续地去突破更多的点。而且努力奋斗也是对自己的一种历练,在奋斗的过程中也能收获很多友谊,并提升自己的能力。

从最终结果来看,逗逗妈妈确实取得了不错的成绩。如果年轻的时候,我们都无法突破自己,那等我们老了之后,就更不可能有所突破了。

逗逗妈妈认为其实坚持不只体现在一件事情上。我们从小到大的学习过程其实就是一个积累、坚持的过程。逗逗妈妈比较长的两段副业的经历,基本上都坚持了一年。

当被问到能够坚持下来的原因时,逗逗妈妈的回答很简单:"坚持之后,达到了一些成效。"一开始没有特别大的成效,但是逗逗妈妈并不气馁,而是将眼光放长远,通过长期的量的积累最终实现了质的飞跃。

另外,每个阶段她身边都会有一群共同努力的小伙伴,她和前面提到的冲冲,机缘巧合地通过社群建立了联系。她俩特别投缘,她们两个人每天晚上都会用语音通话来相互鼓励。

在逗逗妈妈看来,能力大小其实无关紧要,只要有信念、坚持下去一定就可以成功。普通妈妈更应该大胆地尝试、挑战自我,无论最终是否成功,都可以将做副业当作一次生活体验。

做团队长的意义

逗逗妈妈在加入"习惯熊"之前没有带团队的经历，她是在"习惯熊"才开始慢慢地学习如何带领团队的。她以前从来没想过自己能成为团队长，但是当她真的坐到那个位置之后，她发现更多的是对团队和成员的责任感，她认为自己有义务带着大家一起努力。

团队长需要待人真诚而不能急功近利。逗逗妈妈的团队氛围很轻松，她和成员的关系也比较好。在她的团队中，大家相互鼓励、相互支持。在她看来，团队长的努力、精神面貌，都能够给成员带来激励，促使大家上进。只有团队长自己成为成员的榜样，团队中才会有正能量，团队才可以得到整体层面上的提升。

最后，逗逗妈妈送给各位妈妈一句话："突破自己，努力得到自己想拥有的东西。"